Julian Barnes

Le Perroquet de Flaubert

Roman

TRADUIT DE L'ANGLAIS
PAR
JEAN GUILOINEAU

Nouveau Cabinet Cosmopolite
Stock

Titre original :

FLAUBERT'S PARROT
(Jonathan Cape Ltd)

A Pat

« Quand on écrit la biographie d'un ami, on doit le faire au point de vue *de sa vengeance.* »

FLAUBERT,
Lettre à Ernest Feydeau, 1872.

Les citations de Flaubert sont extraites de l'édition de la Pléiade, *Œuvres complètes* et *Correspondance*. Pour la correspondance après 1858, elles ont été fournies par l'auteur. La citation de la « Copie » de *Bouvard et Pécuchet* et celle du *Château des cœurs* sont extraites de l'édition des œuvres complètes de Flaubert au Club de l'Honnête Homme.

Les citations de Maxime Du Camp sont extraites des *Souvenirs littéraires*, éditions Balland, 1984. (*N.d.T.*)

1

Le Perroquet de Flaubert

Six Nord-Africains jouaient aux boules sous la statue de Flaubert. Des claquements secs résonnaient par-dessus le grondement des embouteillages. Avec une dernière caresse ironique du bout des doigts, une main brune lança une boule couleur argent. Elle retomba, rebondit lourdement et décrivit une courbe dans un petit nuage de poussière. Le lanceur resta comme une statue élégante et provisoire : les genoux légèrement pliés et la main droite tendue comme en extase. Je remarquai une chemise blanche et cintrée, un avant-bras nu et une tache sur le poignet. Pas une montre, comme je l'avais d'abord pensé, ni un tatouage, mais une décalcomanie en couleur : le visage d'un sage politique très admiré dans le désert.

Commençons par la statue : celle d'en haut, la permanente, l'inélégante, celle qui pleure des larmes de cuivre, avec une cravate molle, un gilet carré, un pantalon trop large, une moustache hirsute, méfiante, lointaine image de l'homme. Flaubert ne regarde pas. Il a les yeux fixés vers le sud, de la place des Carmes vers la cathédrale, au-dessus de la ville qu'il méprisait, et qui en retour l'a bien ignoré. La tête est dressée comme sur la défensive : seuls les pigeons peuvent voir toute la calvitie de l'écrivain.

Ce n'est pas la statue originale. Les Allemands ont pris la première en 1941, avec les grilles et les heurtoirs des portes. On en a peut-être fait des insignes de casquettes. Pendant une dizaine d'années, le piédestal est resté vide. Puis un maire de Rouen grand amateur de statues redécouvrit le moule original en plâtre – fait par un Russe du nom de Leopold Bernstamm – et le conseil municipal approuva la fabrication d'une nouvelle statue. Rouen s'acheta donc une vraie statue en métal, avec 93 pour cent de cuivre et 7 pour cent d'étain : les fondeurs, Rudier de Châtillon-sous-Bagneux, affirment qu'un tel alliage est garanti contre la corrosion. Deux autres villes, Trouville et Barentin, contribuèrent au projet et reçurent des statues de pierre. Elles ont moins bien résisté. A Trouville, on a dû mettre une pièce en haut de la cuisse de Flaubert et des morceaux de sa moustache sont tombés : des bouts de fils de fer dépassent de sa lèvre supérieure comme des tiges métalliques dans du ciment armé.

On peut sans doute croire les affirmations des fondeurs; peut-être que ce second moulage de la statue durera. Mais je ne vois pas pourquoi on aurait confiance. Rien de ce qui concerne Flaubert n'a jamais duré. Il est mort il y a un peu plus de cent ans et tout ce qui reste de lui, c'est du papier. Du papier, des idées, des phrases, des métaphores, de la prose structurée qui se transforme en bruit. C'est précisément ce qu'il aurait voulu; ce sont seulement ses admirateurs qui se plaignent de façon sentimentale. La maison de l'écrivain à Croisset a été détruite peu de temps après sa mort et a été remplacée par une fabrique où l'on extrayait de l'alcool de blé avarié. Il ne serait pas difficile non plus de se débarrasser de son effigie : si un maire amateur de statues a pu l'ériger, un autre – peut-être un pédant qui n'a lu qu'à moitié ce que Sartre a écrit sur Flaubert – pourra l'abattre avec zèle.

Je commence avec la statue, parce que c'est là que j'ai entamé le projet. Pourquoi l'écriture nous fait-elle poursuivre l'écrivain? Pourquoi ne pouvons-nous le laisser en paix? Pourquoi les livres ne sont-ils pas suffisants? C'est ce que voulait Flaubert : peu d'écrivains ont cru plus que lui en l'objectivité du texte écrit et en l'insignifiance de la personnalité de l'écrivain; et cependant nous continuons à désobéir. L'image, le visage, la signature; la statue à 93 pour cent de cuivre et la photographie de Nadar; le petit morceau de vêtement et la boucle de cheveux. Qu'est-ce qui nous excite dans les reliques? Ne pensons-nous pas que les mots suffisent? Pensons-nous que les vestiges d'une vie contiennent quelque vérité ancillaire? Quand Robert Louis Stevenson est mort, sa nounou écossaise qui avait le sens des affaires se mit à vendre calmement des cheveux qu'elle prétendait avoir coupé sur la tête de l'écrivain quarante ans plus tôt. Ceux qui y crurent, qui en recherchèrent, qui en demandèrent, en achetèrent assez pour rembourrer un canapé.

J'ai décidé de garder Croisset pour plus tard. J'ai passé cinq jours à Rouen et l'instinct de l'enfance me fait toujours garder le meilleur pour la fin. La même impulsion agit-elle parfois avec les écrivains? Tiens bon, tiens bon, le meilleur est encore à venir? S'il en est ainsi, quelle torture que les livres inachevés! Deux viennent immédiatement à l'esprit: *Bouvard et Pécuchet*, dans lequel Flaubert chercha à enfermer et à soumettre le monde entier, la totalité des efforts et des échecs humains; et *L'Idiot de la famille* dans lequel Sartre chercha à enfermer la totalité de Flaubert: enfermer et soumettre le maître écrivain, le maître bourgeois, la terreur, l'ennemi, le sage. Une attaque termina le premier projet; la cécité mit fin au second.

Autrefois, j'ai pensé moi-même écrire des livres. J'avais les idées; j'ai même pris des notes. Mais j'étais médecin, marié, avec des enfants. On ne peut faire bien qu'une seule chose: Flaubert le savait. Être médecin était ce que je faisais bien. Ma femme... mourut. Aujourd'hui, mes enfants sont dispersés; ils écrivent chaque fois qu'ils se sentent coupables. Ils ont leur vie, naturellement. « La vie! La vie! bander, tout est là! », je lisais cette exclamation de Flaubert l'autre jour. Je me suis senti comme une statue de pierre avec le haut de la cuisse raccommodé.

Les livres non écrits? Ce n'est pas une cause de regret.

Il y a déjà trop de livres. En outre, je me rappelle la fin de *L'Éducation sentimentale.* Frédéric et son camarade Deslauriers regardent leurs vies. Le souvenir qu'ils préfèrent, c'est une visite à un bordel, des années auparavant, quand ils n'étaient qu'écoliers. Ils l'avaient organisée en détail, ils s'étaient fait friser pour l'occasion et avaient même volé des fleurs pour les filles. Mais quand ils étaient arrivés au bordel, Frédéric avait perdu son sang-froid et ils s'étaient sauvés tous les deux en courant. Tel était le meilleur jour de leur vie. Le plaisir le plus sûr, laisse entendre Flaubert, n'est-il pas le plaisir de l'anticipation? Qui a besoin d'entrer de force dans la mansarde désolée de l'accomplissement?

J'ai passé le premier jour à me promener dans Rouen, en essayant de reconnaître les endroits que j'avais traversés en 1944. Des quartiers entiers avaient reçu des bombes et des obus, bien sûr; quarante ans après, on répare encore la cathédrale. Je n'ai pas trouvé grand-chose à colorier dans mes souvenirs monochromes. Le lendemain, je suis allé à l'ouest, à Caen, puis au nord, sur les plages. On suit toute une série de panneaux métalliques abîmés par la pluie et installés par le ministère des Travaux publics et des Transports. *Le circuit des plages du débarquement.* Les plages britanniques et canadiennes sont à l'est d'Arromanches – Gold, Juno, Sword[1]. Un choix de noms sans imagination; on ne s'en souvient pas aussi bien que d'Omaha et d'Utah. A moins bien sûr que ce soient les actions qui fassent qu'on se souvienne des noms et pas l'inverse.

Graye-sur-mer, Courseulles-sur-mer, Ver-sur-mer, Asnelles, Arromanches. On descend des petites ruelles et on débouche brusquement sur une place des Royal Engineers ou une place Winston-Churchill. Des tanks rouillent et montent la garde sur des cabines de plage; des monuments comme des cheminées de bateau annoncent en anglais et en français : « Ici, le 6 juin 1944, l'Europe a

1. « Or », « Junon », « Epée ». (*N.d.T.*)

été libérée par l'héroïsme des forces alliées. » Tout est calme, pas du tout inquiétant. A Arromanches, j'ai mis des pièces d'un franc dans le télescope panoramique (très puissant 15/60 longue durée) et j'ai suivi la courbe en morse de Mulberry Harbour jusqu'au large. Point, trait, trait, trait, les caissons de béton avec la mer paresseuse entre eux. Des cormorans avaient colonisé les blocs carrés, vestiges des temps de guerre.

J'ai déjeuné à l'hôtel de la Marine qui domine la baie. J'étais près de l'endroit où étaient morts des amis – les amis inattendus que ces années fournissaient – et pourtant je ne me sentais pas ému. 50e division blindée, second corps d'armée britannique. Des souvenirs revenaient mais pas les émotions ; même pas les souvenirs des émotions. Après déjeuner, je suis allé au musée où j'ai vu un film sur le débarquement, puis j'ai fait les dix kilomètres jusqu'à Bayeux pour contempler cette autre invasion à travers le pas de Calais, neuf siècles plus tôt. La tapisserie de la reine Mathilde est comme un film horizontal, avec les cadres joints bord à bord. Les deux événements me semblaient également étranges : le second trop lointain pour être vrai, le premier trop connu pour être vrai. Comment saisissons-nous le passé ? Pouvons-nous y arriver ? Quand j'étais étudiant en médecine, pour faire une farce lors d'un bal de fin d'année, certains avaient lâché un petit cochon enduit de graisse. Il se faufilait entre les jambes, échappait à toute capture et poussait des cris perçants. Le passé semble souvent se comporter comme ce petit porc.

La troisième journée de mon séjour à Rouen, je suis allé à l'Hôtel-Dieu, l'hôpital où le père de Flaubert a été chirurgien et où l'écrivain a passé son enfance. On suit l'avenue Gustave-Flaubert, on passe devant l'imprimerie Flaubert : on sent à coup sûr qu'on est dans la bonne direction. Une grande Peugeot blanche à hayon était rangée près de l'hôpital : dessus étaient peints un numéro de téléphone, des étoiles bleues et les mots AMBULANCE FLAUBERT. L'écrivain comme guérisseur ? Sûrement pas.

Je me souviens de la réprimande maternelle de George Sand à son jeune collègue : « Que ferons-nous? Toi, à coup sûr, tu vas faire de la désolation et moi de la consolation. » Sur la Peugeot, on aurait dû écrire : AMBULANCE GEORGE-SAND.

A l'Hôtel-Dieu, un *gardien** m'a fait entrer; il était décharné et nerveux et sa blouse blanche m'a étonné. Il n'était pas médecin, ni *pharmacien**, ni arbitre de cricket. Les blouses blanches impliquent l'antisepsie et le jugement propre. Pourquoi est-ce qu'un gardien de musée devrait en porter une – pour protéger des germes l'enfance de Flaubert? Il m'a expliqué que le musée était consacré en partie à Flaubert et en partie à l'histoire de la médecine, puis il m'a emmené rondement en refermant les portes derrière nous avec une efficacité bruyante. Il m'a montré la chambre dans laquelle Gustave Flaubert est né, sa bouteille d'eau de Cologne, son pot à tabac et son premier article de magazine. Différentes images de l'écrivain confirmaient le changement précoce et désastreux du beau jeune homme en bourgeois ventru et chauve. La syphilis, concluent certains. Vieillissement normal au XIXe siècle, répondent d'autres. C'était peut-être simplement que son corps avait le sens du décorum : quand l'esprit s'est déclaré prématurément âgé, la chair a fait de son mieux pour s'y conformer. Je ne cessais de me rappeler qu'il avait les cheveux clairs. Il est difficile de se souvenir : sur les photos tout est sombre.

Les autres pièces contenaient des instruments médicaux des XVIIIe et XIXe siècles : de lourdes reliques en métal se terminant en pointes aiguës, des poires à lavement d'un calibre dont j'ai été surpris moi-même. La médecine d'alors a dû être quelque chose d'excitant, de désespéré et de violent; aujourd'hui ce n'est plus que pilules et bureaucratie. Ou est-ce seulement que le passé semble contenir plus de couleur locale que le présent? J'ai étudié

* Les mots en italiques et suivis d'un astérisque sont en français dans le texte. (*N.d.T.*)

la thèse de doctorat en médecine d'Achille, le frère de Flaubert : elle était intitulée « Quelques considérations sur le moment de l'opération de la hernie étranglée ». Un parallèle fraternel : la thèse d'Achille devint plus tard une métaphore de Gustave : « Je sens contre la bêtise de mon époque des flots de haine qui m'étouffent. Il me monte de la merde à la bouche, comme des hernies étranglées. Mais je veux la garder, la figer, la durcir. J'en veux faire une pâte dont je barbouillerais le XIXe siècle, comme on dote de bougée les pagodes indiennes. »

Au premier abord, la conjonction de ces deux musées m'a semblé étrange. Cela est devenu clair quand je me suis rappelé la célèbre caricature de Lemot représentant Flaubert en train de disséquer Emma Bovary. On y voit le romancier brandir au bout d'une énorme fourchette le cœur dégoulinant qu'il a triomphalement arraché du corps de son héroïne. Il agite l'organe bien haut, comme une capture médicale, tandis que sur la gauche du dessin on ne distingue que les pieds d'Emma couchée et violentée. L'écrivain en tant que boucher, l'écrivain en tant que brute sensible.

Puis j'ai vu le perroquet. Il était installé dans une petite niche, vert brillant et l'œil éveillé, la tête penchée dans un angle interrogateur. « *Psittacus* », dit l'inscription sur le bout de son bâton : « Perroquet emprunté par G. Flaubert au musée de Rouen pour être mis sur sa table de travail pendant la rédaction d'*Un cœur simple*, où il s'appelle " Loulou ", le perroquet de Félicité, personnage principal du conte de Flaubert. » La photocopie d'une lettre de Flaubert confirmait le fait : « Savez-vous qui j'ai devant moi, sur ma table, depuis trois semaines? Un perroquet empaillé... sa vue commence même à m'embêter. »

Loulou était en excellent état, les plumes aussi frisées et l'œil aussi irritant qu'ils avaient dû l'être cent ans plus tôt. J'ai regardé attentivement et, à ma grande surprise, je me suis senti en contact étroit avec cet écrivain qui avait dédaigneusement interdit à la postérité de s'intéresser à sa personne. Sa statue était rapiécée; sa maison avait été détruite; ses livres avaient naturellement leur propre vie – les réponses qui leur convenaient ne lui convenaient pas. Mais ici, dans ce perroquet vert tout à fait ordinaire, préservé de façon routinière et cependant mystérieuse, il y avait quelque chose qui me faisait croire que j'avais presque connu l'écrivain. J'étais à la fois ému et ragaillardi.

En revenant de l'hôtel, j'ai acheté le texte d'*Un cœur simple*, dans une édition pour étudiants. Vous connaissez peut-être l'histoire. Il s'agit d'une pauvre servante sans instruction qui s'appelle Félicité et qui sert la même maîtresse pendant un demi-siècle, en sacrifiant sans rancune sa vie à celle des autres. Elle s'attache tour à tour à un fiancé brutal, aux enfants de sa maîtresse, à son neveu et à un vieil homme qui a un cancer au bras. Tous lui sont enlevés fortuitement : ils meurent, ils s'en vont ou ils l'oublient tout simplement. C'est une existence dans laquelle, ce qui n'est pas étonnant, la consolation de la religion vient compenser la désolation de la vie.

Le dernier objet dans la chaîne sans cesse diminuante des attachements de Félicité, c'est Loulou, le perroquet. Quand il meurt lui aussi, Félicité le fait empailler. Elle garde la relique adorée près d'elle et finit même par dire ses prières agenouillée devant lui. Une confusion doctrinale se développe dans son esprit simple : elle se demande si le Saint-Esprit, qu'on représente d'ordinaire sous la forme d'une colombe, ne serait pas mieux sous les traits d'un perroquet. La logique est sans aucun doute de son côté : les perroquets et les Saints-Esprits savent parler et pas les colombes. A la fin de l'histoire, Félicité meurt elle aussi. « Ses lèvres souriaient. Les mouvements de son cœur se ralentirent un à un, plus vagues chaque fois, plus doux, comme une fontaine s'épuise, comme un écho disparaît; et quand elle exhala son dernier souffle, elle crut voir, dans les cieux entrouverts, un perroquet gigantesque, planant au-dessus de sa tête. »

Le contrôle du ton est fondamental. Imaginez la difficulté technique d'écrire une histoire dans laquelle un oiseau mal empaillé avec un nom ridicule finit par remplacer un des personnages de la Trinité, et dans laquelle l'intention n'est ni satirique, ni sentimentale, ni blasphématoire. Imaginez, en outre, qu'on raconte cette histoire du point de vue d'une vieille servante ignorante sans que cela soit méprisant ni larmoyant. Mais le but d'*Un cœur simple* est ailleurs : le perroquet est un exemple parfait et maîtrisé du grotesque flaubertien.

On peut, si on le désire (et si on désobéit à Flaubert), soumettre l'oiseau à une interprétation supplémentaire. Par exemple, il y a des parallèles enfouis entre la vie du romancier vieilli prématurément et celle de Félicité vieillie à son heure. Les critiques ont fouiné partout. Tous deux étaient solitaires; tous deux avaient des vies marquées par la perte; tous deux, bien que remplis de douleur, ont persévéré. Ceux qui ont poussé les choses plus loin ont suggéré que l'accident au cours duquel Félicité est renversée par une malle-poste sur la route d'Honfleur est une référence enfouie à la première crise d'épilepsie de Flaubert, quand il avait été terrassé sur la route à la sortie de Bourg-Achard. Je ne sais pas. Jusqu'à quel point une référence doit-elle être enfouie avant d'étouffer?

D'une façon fondamentale, bien sûr, Félicité est totalement à l'opposé de Flaubert; elle est à peu près incapable de parler. Mais on peut rétorquer que c'est là que Loulou intervient. Le perroquet, la bête qui parle, une des rares créatures qui produisent des sons humains. Ce n'est pas pour rien que Félicité confond le perroquet avec le Saint-Esprit, celui qui apporte le don des langues.

Félicité + Loulou = Flaubert? Pas exactement; mais on peut dire que le perroquet, qui représente une vocalisation habile sans un cerveau très puissant, est le verbe à l'état pur. Un universitaire français dirait que c'est un *symbole du Logos* *. Étant anglais, j'en reviens vite au matériel : à cette créature svelte et guillerette que j'ai vue à l'Hôtel-Dieu. J'ai imaginé Loulou posé sur le côté du bureau de Flaubert et le regardant comme le reflet moqueur d'un miroir de fête foraine. Pas étonnant que les trois semaines de sa présence parodique aient causé quelque irritation. L'écrivain est-il beaucoup plus qu'un perroquet un peu compliqué?

Ici, nous devrions peut-être noter les quatre principales rencontres entre le romancier et des membres de la famille des perroquets. Dans les années 1830, pendant les vacances annuelles à Trouville, la famille Flaubert rendit visite à un capitaine de navire à la retraite qui s'appelait Pierre Barbey; on nous dit qu'il y avait chez lui un magnifique perroquet. En 1845, Gustave traversait Antibes, en route vers l'Italie, quand il vit une perruche malade qui mérita de figurer dans son journal; l'oiseau avait l'habitude de se percher sur le garde-crotte de la carriole de son maître et à l'heure du dîner on le rentrait et on le posait sur le chambranle de la cheminée. L'écrivain note le « singulier amour », tout à fait évident entre l'homme et l'oiseau. En 1851, en revenant d'Orient par Venise, Flaubert entendit un perroquet dans une cage dorée crier sur le Grand Canal en imitant un gondolier : « *Fà eh, capo die.* » En 1853, il était de nouveau à Trouville; il logeait chez un *pharmacien* * et était sans cesse importuné par un perroquet qui criait : « *As-tu déjeuné, Jako * ?* » et « *Cocu, mon petit coco* * ». Il sifflait aussi : *J'ai du bon tabac* *. L'un de ces quatre oiseaux a-t-il servi, en totalité ou en partie, d'inspiration pour Loulou? Et Flaubert a-t-il vu un autre perroquet vivant entre 1853 et 1876, quand il en emprunta un empaillé au musée de Rouen? Je laisse ces questions aux professionnels.

J'étais assis sur mon lit à l'hôtel; dans une chambre voisine, un téléphone imitait le cri d'autres téléphones. J'ai pensé au perroquet dans sa niche, à moins de cinq cents mètres de là. Un oiseau effronté qui attire l'affection et même le respect. Qu'en a fait Flaubert après avoir fini *Un cœur simple*? L'a-t-il rangé dans un placard et en a-t-il oublié l'existence irritante jusqu'à ce qu'il recherche une couverture supplémentaire? Et que s'est-il passé quatre ans plus tard quand une attaque d'apoplexie l'a laissé agonisant sur son canapé? Peut-être a-t-il imaginé, planant au-dessus de lui, un gigantesque perroquet – cette fois ce n'était pas un signe de bienvenue du Saint-Esprit mais d'adieu au monde? « Je suis gêné par le sens métaphorique qui décidément me domine trop. Je suis dévoré de comparaisons, comme on l'est de poux, et je ne passe mon temps qu'à les écraser. » Les mots venaient facilement à Flaubert; mais il voyait également l'insuffisance sous-jacente du Mot. On doit se rappeler la tristesse de la définition tirée de *Madame Bovary* : « La parole humaine est comme un chaudron fêlé où nous battons des mélodies à faire danser les ours, quand on voudrait attendrir les étoiles. » Ainsi on peut aborder le romancier d'une autre façon : comme un styliste obstiné et perfectionniste; ou comme quelqu'un qui considère le langage tragiquement insuffisant. Les sartriens préfèrent la seconde hypothèse : pour eux l'incapacité de Loulou à faire plus que répéter les phrases qu'il entend est une confession indirecte de l'échec du romancier. Le perroquet/écrivain accepte médiocrement le langage comme quelque chose de transmis, d'imitatif et d'inerte. Sartre lui-même reproche à Flaubert sa passivité, sa croyance (ou sa complicité dans la croyance) qu'*on est parlé*.

Est-ce que cette explosion de bulles annonce la mort gargouillante d'une autre référence enfouie? Le moment où l'on soupçonne qu'on lit trop de choses dans une histoire, c'est quand on se sent le plus vulnérable, isolé et peut-être stupide. Un critique a-t-il tort de lire Loulou comme un symbole du Mot? Un lecteur a-t-il tort – ou, pire, est-il sentimental – de considérer ce perroquet de l'Hôtel-Dieu comme un emblème de la voix de l'écrivain? C'est ce que j'ai fait. Cela m'a peut-être rendu aussi naïf que Félicité.

Mais qu'on l'appelle un conte ou un texte, *Un cœur simple* ne cesse de résonner dans l'esprit. Permettez-moi de citer David Hockney, favorable même s'il est peu précis, dans son autobiographie : « L'histoire m'a vraiment touché et j'ai eu l'impression que c'était un sujet dans lequel je pouvais pénétrer et que je pouvais utiliser. » En 1974, M. Hockney exposa deux gravures : une version burlesque de la vision qu'a Félicité de l'Ailleurs (un singe qui se sauve avec une femme sur l'épaule) et une scène tranquille de Félicité endormie avec Loulou. Peut-être en fera-t-il d'autres.

Lors de mon dernier jour à Rouen, je suis allé à Croisset. La pluie de Normandie tombait douce et dense. Ce qui était autrefois un village isolé sur les berges de la Seine, adossé à des collines verdoyantes, est maintenant englouti par des docks immenses. Des sonnettes résonnent, des ponts roulants passent au-dessus de vous et, sur le fleuve, il y a un important trafic. Les poids lourds qui passent font vibrer les fenêtres de l'inévitable café *Le Flaubert.*

Gustave a noté et approuvé l'habitude orientale selon laquelle on détruit les maisons des morts; ainsi peut-être aurait-il été moins blessé que ses lecteurs, ses poursuivants, par la destruction de sa propre maison. L'usine de fabrication d'alcool à partir de blé avarié a été démolie à son tour; et, à la place, se dresse maintenant, de façon plus appropriée, une grande fabrique de papier. Tout ce qui reste de la résidence de Flaubert, c'est un petit pavillon de plain-pied, à une centaine de mètres plus loin, au bord de la route, dans lequel l'écrivain avait l'habitude de se retirer quand il avait encore plus besoin de solitude que d'ordinaire. Aujourd'hui, elle a l'air délabré et sans intérêt mais c'est au moins quelque chose. Sur la terrasse, à l'extérieur, un tronçon de colonne cannelée, déterré à Carthage, pour commémorer l'auteur de *Salammbô.* J'ai poussé la porte, un berger allemand s'est mis à aboyer et une gardienne aux cheveux blancs s'est approchée. Pas de blouse blanche pour elle, mais un uniforme bleu bien coupé. Tout en balbutiant mon français, je me suis rappelé la marque des interprètes de Carthage dans *Salammbô* : chacun portait, comme symbole de sa profession, un perroquet tatoué sur la poitrine. Aujourd'hui, le poignet sombre du joueur de boules africain porte une décalcomanie de Mao.

Le pavillon n'a qu'une pièce, carrée, dont le plafond est dissimulé par une tenture. Je me suis souvenu de la chambre de Félicité : elle « avait l'air tout à la fois d'une chapelle et d'un bazar ». Ici aussi, il y avait les rencontres ironiques – des bibelots sans intérêt à côté des reliques sacrées – du grotesque flaubertien. Les objets exposés étaient si mal disposés que j'ai dû souvent me mettre à genoux pour jeter un coup d'œil dans les placards : la position du dévot mais aussi du chasseur de trésor chez les brocanteurs.

Félicité trouvait une consolation dans le fait de rassembler des objets épars que n'unissait que l'affection de leur propriétaire. Flaubert faisait de même en conservant des riens avec des souvenirs. Des années après la mort de sa mère, il demandait parfois qu'on lui apporte son châle et son chapeau, puis il s'asseyait pour rêver un peu. Le visiteur du pavillon de Croisset peut presque faire la même chose : on est touché au hasard par les objets exposés, étalés avec insouciance. Des portraits, des photos, un buste en argile; des pipes, un pot à tabac, un coupe-papier; un encrier en forme de crapaud avec une bouche grande ouverte; le bouddha d'or qui était posé sur le bureau de l'écrivain et qui ne l'a jamais irrité; une boucle de cheveux, plus blonds évidemment que sur les photos.

Deux objets, exposés dans un cabinet, sont faciles à rater : un petit gobelet dans lequel Flaubert a bu de l'eau pour la dernière fois quelques instants avant de mourir; et un mouchoir blanc roulé en boule avec lequel il s'est épongé le front, ce qui a peut-être été le dernier geste de sa vie. A cause de ces éléments, qui semblaient interdire les lamentations et le mélodrame, j'ai eu l'impression d'avoir assisté à la mort d'un ami. J'étais presque gêné : trois jours plus tôt j'étais resté insensible sur une plage où de proches compagnons avaient été tués. C'est peut-être l'avantage de se faire des amis avec ceux qui sont déjà morts : ce qu'on ressent à leur égard ne se refroidit jamais.

Puis je l'ai vu. Blotti au sommet d'une haute armoire, il y avait un autre perroquet. Également vert étincelant. Également, d'après la *gardienne** et l'étiquette de son bâton, le perroquet même que Flaubert avait emprunté au musée de Rouen pour écrire *Un cœur simple.* J'ai demandé l'autorisation de descendre le deuxième Loulou. Je l'ai posé soigneusement sur l'angle d'une vitrine et j'ai enlevé son globe de verre.

Comment comparer deux perroquets, dont l'un est déjà idéalisé par la mémoire et la métaphore, et dont l'autre est un intrus criard? Tout d'abord, j'ai répondu en disant que le second semblait moins authentique que le premier, principalement parce qu'il avait l'air plus doux. La tête était plus droite sur le corps et son expression était moins irritante que celle de l'oiseau de l'Hôtel-Dieu. Puis je me suis rendu compte de mon erreur : après tout, Flaubert n'avait pas eu à choisir entre deux perroquets; et même ce second perroquet, qui avait l'air d'une compagnie plus calme, pouvait très bien vous taper sur les nerfs au bout de quelques semaines.

J'ai posé la question de l'authenticité à la *gardienne**. Elle était, de façon tout à fait compréhensible, du côté de son perroquet et d'un ton assuré faisait peu de cas des affirmations de l'Hôtel-Dieu. Je me suis demandé si quelqu'un connaissait la réponse. Je me suis demandé si cela intéressait quelqu'un à part moi qui, de façon inconsidérée, avais chargé le premier perroquet de signification. La voix de l'écrivain – qu'est-ce qui vous fait croire qu'on peut la localiser aussi facilement? Tel était le reproche avancé par le second perroquet. Tandis que je contemplais le Loulou peut-être inauthentique, le soleil éclaira ce coin de pièce et rendit le jaune du plumage plus violent. Je remis l'oiseau à sa place en pensant : je suis aujourd'hui plus vieux que Flaubert ne l'a jamais été. Cela semble présomptueux; triste et immérité.

Est-ce jamais le bon moment de mourir? Ça ne l'était pas pour Flaubert; ni pour George Sand qui n'a pas vécu assez pour lire *Un cœur simple.* « J'avais commencé *Un cœur simple* à son intention exclusive, uniquement pour lui plaire. Elle est morte comme j'étais au milieu de mon œuvre. Il en va ainsi de tous nos rêves. » Vaut-il mieux ne pas avoir les rêves, l'œuvre, et ainsi la désolation de l'œuvre inachevée? Peut-être, comme Frédéric et Deslauriers, préférons-nous la consolation du non-accomplissement : la visite prévue au bordel, le plaisir de l'anticipation, et, des années plus tard, non pas le souvenir des faits mais celui des anticipations passées? Tout n'en est-il pas plus net et moins douloureux?

Après être rentré chez moi, les perroquets multipliés ont continué à battre des ailes dans mon esprit : l'un d'eux était aimable et franc, l'autre effronté et énigmatique. J'ai écrit des lettres à plusieurs universitaires qui pouvaient savoir si l'un des perroquets avait été vraiment authentifié. J'ai écrit à l'ambassade de France et à l'éditeur des guides Michelin. J'ai aussi écrit à M. Hockney. Je lui ai raconté mon voyage et je lui ai demandé s'il était déjà allé à Rouen; je voulais savoir s'il avait eu l'un ou l'autre des perroquets à l'esprit en gravant le portrait de Félicité endormie. Dans le cas contraire, peut-être avait-il, lui aussi, emprunté un perroquet à un musée et s'en était-il servi comme modèle. Je l'ai mis en garde contre la tendance de cette espèce à la parthénogénèse posthume.

J'espérais obtenir les réponses très vite.

2

Chronologie

I

1821 Naissance de Gustave Flaubert, second fils d'Achille-Cléophas Flaubert, chirurgien-chef à l'Hôtel-Dieu, à Rouen, et de Anne Justine Caroline Flaubert, née Fleuriot. La famille appartient à la classe moyenne prospère et possède plusieurs propriétés dans la région de Rouen. Un milieu stable, éclairé, stimulant et normalement ambitieux.

1825 Entrée au service des Flaubert de Julie, la nourrice de Gustave, qui restera avec eux jusqu'à la mort de l'écrivain cinquante-cinq ans plus tard. Les problèmes de domestiques troubleront peu la vie de Flaubert.

1830 Rencontre d'Ernest Chevalier, son premier ami intime. Une succession d'amitiés intenses, loyales et fertiles soutiendront Flaubert tout au long de sa vie : particulièrement importantes sont celles avec Alfred Le Poittevin, Maxime Du Camp, Louis Bouilhet et George Sand. Gustave inspirait facilement l'amitié et l'entretenait de façon taquine et affectueuse.

1831-32 Entrée au collège de Rouen où il s'affirme comme un excellent élève, très fort en histoire et en littérature. Le premier texte de lui qui nous soit parvenu, un devoir sur Corneille, date de 1831. Tout au long de son adolescence, il écrit abondamment, à la fois du théâtre et des récits.

1836 Rencontre à Trouville d'Elisa Schlesinger, l'épouse d'un Allemand, éditeur de musique, pour qui il conçoit une « énorme » passion. Cette passion va illuminer le reste de son adolescence. Elisa lui manifeste tendresse et affection; ils resteront en contact pendant les quarante années suivantes. Quand il y repensera, il sera soulagé qu'elle n'ait pas répondu à sa passion : « Le bonheur est comme la vérole : pris trop tôt, il peut gâter complètement la constitution. »

1836 Initiation sexuelle de Gustave avec une des bonnes de sa mère. C'est le début d'une vie érotique active et colorée, qui va des bordels aux salons, des garçons de bains du Caire aux poétesses parisiennes. Jeune homme, les femmes le trouvent extrêmement attirant et sa rapidité de récupération sexuelle est, d'après ses propres paroles, très impressionnante; mais, même à un âge plus avancé, ses manières courtoises, son intelligence et sa renommée lui permettront de ne pas être seul.

1837 Sa première œuvre imprimée est publiée dans un journal de Rouen, *Le Colibri.*

1840 Il passe son baccalauréat. Il voyage dans les Pyrénées avec un ami de la famille, le Dr Jules Cloquet. Bien que souvent considéré comme un ermite invétéré, Flaubert voyage en fait énormément : Italie et Suisse (1845), Bretagne (1847), Égypte, Palestine, Syrie, Turquie, Grèce et Italie (1849-1851), Angleterre (1851, 1865, 1866, 1871), Algérie et Tunisie (1858), Allemagne (1865), Belgique (1871) et Suisse (1874). Comparer avec son alter ego Louis Bouilhet qui a rêvé de la Chine et n'est jamais allé en Angleterre.

1844 La première crise d'épilepsie de Gustave met fin à ses études à Paris et il s'enferme dans la nouvelle maison familiale à Croisset. Cependant, l'abandon du droit ne le gêne pas trop et, comme sa réclusion lui donne à la fois la solitude et la base stable nécessaire pour une vie consacrée à l'écriture, la crise se révèle bénéfique à long terme.

1846 Il rencontre Louise Colet, la « muse », et commence son histoire d'amour la plus célèbre : une lutte prolongée et passionnée en deux parties (1846-1848, 1851-1854). Bien qu'ayant des caractères différents et des conceptions esthétiques incompatibles, Gustave et Louise n'en restent pas moins ensemble bien plus longtemps que beaucoup l'auraient prédit. Devons-nous regretter la fin de cette relation? Uniquement parce qu'elle signifie la fin des magnifiques lettres que Gustave lui envoyait.

1851-57 Écriture, publication, procès et acquittemen triomphal de *Madame Bovary*. Un *succès de scandale* *, salué par des écrivains aussi divers que Lamartine, Sainte-Beuve et Baudelaire. En 1846, doutant de sa capacité à écrire quelque chose qui mérite d'être publié, Gustave avait déclaré : « Si un jour je parais, ce sera armé de toutes pièces. » Maintenant son plastron est aveuglant et sa lance est partout. Le curé de Canteleu, le village à côté de Croisset, interdit à ses paroissiens de lire le roman. Après 1857, le succès littéraire entraîne naturellement le succès social : on voit plus souvent Flaubert à Paris. Il rencontre les Goncourt, Renan, Gautier, Baudelaire et Sainte-Beuve. En 1862, dîners littéraires chez Magny : Flaubert en est un habitué à partir de décembre.

1862 Publication de *Salammbô. Succès fou**. Sainte-Beuve écrit à Matthew Arnold : « *Salammbô* est notre grand événement ! » Le roman fournit le thème de plusieurs bals masqués à Paris. Il fournit même le nom d'une nouvelle sorte de *petits fours**.

1863 Flaubert commence à fréquenter le salon de la princesse Mathilde, nièce de Napoléon Ier. L'ours de Croisset se glisse dans la fourrure d'un lion très social. Il reçoit lui-même les dimanches après-midi. Cette année voit également le premier échange de lettres avec George Sand et la rencontre avec Tourgueniev. Son amitié avec le romancier russe marque le début d'une renommée européenne.

1864 Présentation à l'empereur Napoléon III à Compiègne. L'apogée du succès social de Gustave. Il envoie des camélias à l'impératrice.

1866 Il est fait *chevalier de la Légion d'honneur**.

1869 Publication de *L'Éducation sentimentale* : Flaubert affirme que c'est un *chef-d'œuvre**. Malgré la légende de sa lutte héroïque (qu'il a lui-même créée), Flaubert écrit facilement. Il se plaint énormément, mais ces plaintes sont toujours dans des lettres écrites avec une facilité étonnante. Pendant un quart de siècle, il produit tous les cinq ou sept ans un livre épais et solide qui exige des recherches considérables. Il souffre peut-être sur le mot, la phrase, l'assonance, mais il n'a jamais connu le blocage de l'écrivain.

1874 Publication de *La Tentation de saint Antoine*. Succès commercial satisfaisant malgré l'étrangeté de l'œuvre.

1877 Publication de *Trois Contes*. Succès populaire et critique : pour la première fois, Flaubert a une critique favorable dans *Le Figaro*; le livre est réédité cinq fois en trois ans. Flaubert commence à travailler sur *Bouvard et Pécuchet*.

Pendant ces dernières années, sa prééminence parmi les romanciers français est reconnue par la nouvelle génération. Il est fêté et révéré. Ses dimanches après-midi deviennent des événements dans le monde littéraire; Henry James vient rendre visite au maître. En 1879, les amis de Gustave créent le dîner annuel de Saint-Polycarpe en son honneur. En 1880, les cinq coauteurs des *Soirées de Médan*, dont Zola et Maupassant, lui offrent un exemplaire dédicacé : le présent peut être considéré comme un salut symbolique du naturalisme au réalisme.

1880 Comblé d'honneurs, très aimé et travaillant toujours d'arrache-pied jusqu'à la fin, Flaubert meurt à Croisset.

II

1817 Mort de Caroline Flaubert (âgée de vingt mois), deuxième enfant d'Achille-Cléophas Flaubert et d'Anne Justine Caroline Flaubert.

1819 Mort d'Émile-Cléophas Flaubert (âgé de huit mois), leur troisième enfant.

1821 Naissance de Gustave Flaubert, leur cinquième enfant.

1822 Mort de Jules Alfred Flaubert (âgé de trois ans et cinq mois), leur quatrième enfant. Son frère Gustave, né *entre deux morts* *, est fragile et on ne pense pas qu'il vivra longtemps. Le Dr Flaubert achète un caveau de famille au Cimetière monumental et fait creuser une petite tombe, en avance, pour Gustave. Il survit de façon surprenante. Il se révèle être un enfant retardé, qui reste de longues heures un doigt dans la bouche et « l'air presque bête ». Pour Sartre, c'est l'« idiot de la famille ».

1836 Début d'une passion désespérée et obsessionnelle pour Elisa Schlesinger qui lui cautérise le cœur et le rend incapable de jamais aimer pleinement une autre femme. Quand il regarde en arrière, il note : « Chacun de nous a dans le cœur une chambre royale; je l'ai murée, mais elle n'est pas détruite. »

1839 Expulsé du collège de Rouen pour chahut et désobéissance.

1843 La faculté de droit de Paris publie les résultats des examens de première année. Les examinateurs expriment leur opinion avec des boules rouges et noires. Gustave obtient deux rouges et deux noires et il échoue.

1844 Première attaque d'épilepsie; d'autres suivront. « Chaque attaque, écrit Gustave plus tard, était comme une hémorragie de l'innervation. Il y avait comme un arrachement de l'âme d'avec le corps, atroce. » On le saigne, on lui donne des pilules, des tisanes, il suit des régimes alimentaires spéciaux, l'alcool et le tabac lui sont interdits; une stricte réclusion et des soins maternels sont nécessaires s'il ne veut pas occuper sa place au cimetière. Gustave se retire du monde sans y être entré. « Tu es donc gardé comme une jeune fille? » lui reprochera plus tard Louise Colet, avec justesse. Pendant toute sa vie, sauf les huit dernières années, sa mère veillera de façon étouffante sur son bien-être et contrôlera ses projets de voyage. Graduellement, au cours des années, elle deviendra plus fragile que lui : quand il aura presque cessé d'être un souci pour elle, elle sera devenue un fardeau pour lui.

1846 Mort du père de Gustave, bientôt suivie de la mort de Caroline, sa sœur adorée (âgée de vingt et un ans), ce qui le rend tuteur de sa nièce. Tout au long de sa vie, il est constamment blessé par la mort de ceux qui lui sont proches. Et il y a d'autres façons de mourir pour des amis : en juin, Alfred Le Poittevin se marie. Gustave ressent cela comme son troisième deuil de l'année : « Tu fais une chose anormale », se plaint-il. La même année, il écrit à Maxime Du Camp : « Les larmes sont pour le cœur ce que l'eau est pour les poissons. » La rencontre de Louise Colet est-elle une consolation ? La pédanterie et l'esprit réfractaire s'accordent mal avec l'extravagance et la possession. Six jours seulement après qu'elle est devenue sa maîtresse, la forme de leurs relations est établie : « Ménage tes cris ! se plaint-il. Ils me déchirent. Que veux-tu faire ? Puis-je quitter tout et aller vivre à Paris ? » Cette relation impossible dure cependant pendant huit ans ; de façon curieuse, Louise est incapable de comprendre que Gustave peut l'aimer sans toujours la voir. « Si j'étais une femme, écrit-il six ans après, je ne voudrais pas de moi pour amant, c'est sûr. Une passade, oui ; mais une intimité, non. »

1848 Mort d'Alfred Le Poittevin, âgé de trente-deux ans. Quinze ans plus tard : « Je crois même que je n'ai aimé personne (homme ou femme) comme lui. » Trente-cinq ans plus tard : « Je ne passe pas un jour sans y rêver. »

1849 Gustave lit sa première œuvre longue d'adulte, *La Tentation de saint Antoine*, à ses deux plus proches amis, Bouilhet et Du Camp. La lecture prend quatre jours, à raison de huit heures par jour. Après une consultation embarrassée, les deux auditeurs lui conseillent de la jeter au feu.

1850 En Égypte, Gustave attrape la syphilis. Il perd presque tous ses cheveux ; il grossit. Mme Flaubert qui le retrouve l'année suivante, à Rome, reconnaît à peine son fils et juge qu'il est devenu très grossier. C'est le début de la maturité. « A peine nés, la pourriture commence sur vous. »

Au cours des années, il perdra toutes ses dents sauf une; un traitement au mercure lui noircira la salive en permanence.

1851-57 *Madame Bovary*. La composition est douloureuse – « je suis, en écrivant ce livre, comme un homme qui jouerait du piano avec des balles de plomb sur chaque phalange » – et les poursuites effrayantes. Plus tard, Flaubert en viendra à détester la gloire de son chef-d'œuvre qui fait qu'on le considère comme l'homme d'un seul livre. Il dit à Du Camp que, si jamais il devait avoir un coup de chance à la Bourse, il rachèterait à n'importe quel prix tous les exemplaires de *Madame Bovary* en circulation : « Je les jetterais au feu et je n'en entendrais plus jamais parler. »

1862 Elisa Schlesinger est internée dans un asile d'aliénés; on diagnostique une « mélancolie aiguë ». Après la publication de *Salammbô*, Flaubert commence à fréquenter de riches amis. Mais il reste naïf pour les questions financières : sa mère doit vendre des biens pour payer ses dettes. En 1867, il confie secrètement le contrôle de ses affaires financières au mari de sa nièce, Ernest Commanville. Au cours des treize années suivantes, à cause de son extravagance, de son incompétence et de son manque de chance, Flaubert perd tout son argent.

1869 Mort de Louis Bouilhet, qu'il avait appelé une fois « l'eau de Seltz qui me faisait digérer la vie ». « En perdant mon pauvre Bouilhet, j'ai perdu mon accoucheur, celui qui voyait dans ma pensée plus clairement que moi-même. » Mort aussi de Sainte-Beuve. « Encore un de parti! La petite bande diminue! Avec qui causer de littérature maintenant? » Publication de *L'Éducation sentimentale*; échec devant la critique et échec commercial. Sur cent cinquante exemplaires envoyés à titre gracieux à des amis et des relations, il ne reçoit qu'à peine trente réponses.

1870 Mort de Jules de Goncourt : il ne reste plus que trois amis sur les sept qui ont commencé les dîners chez Magny en 1862. Pendant la guerre franco-prussienne, l'ennemi occupe Croisset. Honteux d'être français, Flaubert cesse de porter sa Légion d'honneur et décide de demander à Tourgueniev ce qu'il doit faire pour acquérir la nationalité russe.

1872 Mort de Mme Flaubert : « Je me suis aperçu depuis quinze jours que ma pauvre bonne femme de maman était l'être que j'ai le plus aimé. C'est comme si on m'avait arraché une partie des entrailles. » Mort également de Gautier. « C'est le dernier de mes amis intimes qui s'en va. Il clôt la liste. »

1874 Flaubert fait ses débuts au théâtre avec *Le Candidat*. Échec complet; les acteurs quittent la scène les larmes aux yeux. La pièce est retirée de l'affiche après quatre représentations. Publication de *La Tentation de saint Antoine*. Flaubert note : « J'ai été éreinté depuis *Le Figaro* jusqu'à *La Revue des Deux Mondes*... ce qui m'étonne, c'est qu'il y a sous plusieurs de ses critiques une *haine* contre moi, contre mon individu, un parti pris de dénigrement... cet avalanche [*sic*] de sottises m'attriste. »

1875 La ruine financière d'Ernest Commanville entraîne également celle de Flaubert. Il vend sa ferme de Deauville; il doit supplier sa nièce pour qu'elle ne le chasse pas de Croisset. Commanville et elle le surnomment le « consommateur ». En 1879, il en est réduit à accepter une pension d'État grâce à l'intervention de ses amis.

1876 Mort de Louise Colet. Mort de George Sand. « Mon cœur devient une nécropole. » Les dernières années de la vie de Gustave sont arides et solitaires. Il dit à sa nièce qu'il regrette de ne pas s'être marié.

1880 Pauvre, seul et fatigué, Gustave Flaubert meurt. Dans sa notice nécrologique Zola dit qu'il était inconnu des quatre cinquièmes de la population de Rouen et détesté de l'autre cinquième. Il laisse *Bouvard et Pécuchet* inachevé. Certains prétendent que le travail sur le roman l'a tué; Tourgueniev lui avait dit avant qu'il commence d'en faire quelque chose de court. Après l'enterrement, un groupe de personnes y ayant assisté, dont les poètes François Coppée et Théodore de Banville, alla dîner à Rouen en l'honneur de l'écrivain disparu. En s'asseyant à table ils découvrirent qu'ils étaient treize. Banville, qui était superstitieux, insista pour qu'on trouve un autre convive, et on envoya Émile Bergerat, le gendre de Gautier, chercher quelqu'un dans les rues. Après plusieurs refus il revint avec un soldat en permission. Il n'avait jamais entendu parler de Flaubert mais avait très envie de rencontrer Coppée.

III

1842 Mes livres et moi dans le même appartement, c'est un cornichon et du vinaigre.

1846 J'ai eu tout jeune un pressentiment complet de la vie. C'était comme une odeur de cuisine nauséabonde qui s'échappe par un soupirail. On n'a pas besoin d'en avoir mangé pour savoir qu'elle est à faire vomir.

1846 J'ai fait avec toi ce que j'ai fait en d'autres temps avec mes mieux aimés : je leur ai montré le fond du sac, et la poussière âcre qui en sortait les a pris à la gorge.

1846 Ma vie est rivée à une autre (Mme Flaubert) et cela sera tant que cette autre durera. Algue marine secouée au vent, je ne tiens plus au rocher que par un fil vivace. Une fois rompu, où volera-t-elle, la pauvre plante inutile?

1846 Tu veux tailler l'arbre et, de ses rameaux sauvages mais touffus qui s'élancent en tous sens pour aspirer l'air et le soleil, faire un bel et doux espalier que l'on collerait contre un mur et qui alors, il est vrai, rapporterait d'excellents fruits qu'un enfant pourrait venir cueillir sans échelle.

1846 Ne crois donc pas que j'appartienne à la race vulgaire de ces hommes qui se dégoûtent après le plaisir, l'amour n'existant chez eux qu'en vertu de la convoitise. Non, ce qui s'élève en moi ne s'y abat pas si vite. Si la mousse pousse sur les édifices de mon cœur sitôt qu'ils sont bâtis, il faut du temps pour qu'ils tombent en ruine si jamais ils y tombent tout à fait.

1846 Je suis comme les cigares, on ne m'allume qu'en tirant.

1846 Parmi les marins, il y en a qui découvrent des mondes, qui ajoutent des terres à la terre et des étoiles aux étoiles, ceux-là ce sont les maîtres, les grands, les éternellement beaux. D'autres lancent la terreur par les sabords de leurs navires, capturent, s'enrichissent et s'engraissent. Il y en a qui vont chercher de l'or et de la soie sous d'autres cieux, d'autres seulement tâchent d'attraper dans leurs filets des saumons pour les gourmets et de la morue pour les pauvres. Moi je suis l'obscur et patient pêcheur de perles qui plonge dans les bas-fonds et qui revient les mains vides et la face bleuie. Une attraction fatale m'attire dans les abîmes de la pensée, au fond de ces gouffres intérieurs qui ne tarissent jamais pour les forts. Je passerai ma vie à regarder l'océan de l'art où les autres naviguent ou combattent et je m'amuserai parfois à aller chercher au fond de l'eau des coquilles vertes ou jaunes dont personne ne voudra. Aussi je les garderai pour moi et j'en tapisserai ma cabane.

1846 Je ne suis qu'un lézard littéraire qui se chauffe toute la journée au grand soleil du beau. Voilà tout.

1846 J'ai en moi, au fond de moi, un *embêtement* radical, intime, âcre et incessant qui m'empêche de rien goûter et qui me remplit l'âme à la faire crever. Il reparaît à propos de tout, comme les charognes boursouflées des chiens qui reviennent à fleur d'eau malgré les pierres qu'on leur a attachées au cou pour les noyer.

1847 On ressemble plus ou moins à un mets quelconque. Il y a quantité de bourgeois qui me représentent le bouilli, beaucoup de fumée, nul jus, pas de saveur. Ça bourre tout de suite et ça nourrit les rustres. Il y a aussi beaucoup de viandes blanches, de poissons de rivière, d'anguilles déliées vivant dans la vase des fleuves, d'huîtres plus ou moins salées, de têtes de veau et de bouillies sucrées. Moi je suis comme le macaroni au fromage qui file et qui pue; il faut en avoir l'habitude pour en avoir le goût. On s'y fait à la longue, après que bien des fois le cœur vous est venu aux lèvres.

1847 Tu avais espéré trouver le feu qui brûle, flambe, éclaire, envoie des clartés joyeuses, fait sécher les boiseries humides, assainit l'air et redonne la vie. Hélas, je ne suis qu'une pauvre lampe de nuit, dont la mèche rouge pétille dans une mauvaise huile toute pleine d'eau et de poussière.

1851 Mon amitié à moi ressemble au chameau. Une fois en mouvement il n'y a plus moyen de l'arrêter.

1852 A mesure qu'on vieillit, le cœur se dépouille, comme les arbres. Rien ne résiste à certains coups de vent. Chaque jour qui vient nous arrache quelques feuilles, sans compter les orages qui d'un coup cassent plusieurs branches. Et toute cette verdure-là ne repousse pas, comme l'autre au printemps.

1852 Quelle mauvaise chose que la vie, n'est-ce pas? C'est un potage sur lequel il y a beaucoup de cheveux, et qu'il faut manger pourtant.

1852 Moi, je ris de tout, même de ce que j'aime le mieux. Il n'est pas de choses, faits, sentiments ou gens sur lesquels je n'aie passé naïvement ma bouffonnerie, comme un rouleau de fer à lustrer les pièces d'étoffes.

1852 J'aime mon travail d'un amour frénétique et perverti, comme un ascète le cilice qui lui gratte le ventre.

1852 Normands, tous que nous sommes, nous avons quelque peu de cidre dans les veines; c'est une boisson aigre et fermentée et qui quelquefois fait sauter la bonde.

1853 Quant à cette question de mon installation immédiate à Paris, il faut la remettre ou plutôt la résoudre tout de suite. Cela m'est *impossible* maintenant (et je ne compte pas l'argent, que je n'ai pas et qu'il faut avoir)... Je me connais bien, ce serait un hiver de perdu, et peut-être tout le livre. Bouilhet en parle à son aise, lui qui heureusement a l'habitude d'écrire partout, qui, depuis douze ans, travaille en étant continuellement dérangé... Je suis comme les jattes de lait : pour que la crème se forme, il faut les laisser immobiles.

1853 Sais-tu que tu m'éblouis par ta facilité? En dix jours tu vas avoir écrit six contes!... Moi, je suis comme les vieux aqueducs. Il y a tant de détritus au bord de ma pensée qu'elle circule lentement et ne tombe que goutte à goutte du bout de ma plume.

1854 Aussi moi, gardant chaque chose à sa place, je vis par casiers, j'ai des tiroirs, je suis plein de compartiments comme une bonne malle de voyage, et ficelé en dessus, sanglé à triple étrivière.

1854 Tu demandes de l'amour, tu te plains de ce que je ne t'envoie pas de fleurs? Ah! J'y pense bien, aux fleurs! Prends donc quelque brave garçon tout frais éclos, un homme à belles manières et à idées reçues. Moi, je suis comme les tigres qui ont au bout du gland des poils agglutinés avec quoi ils déchirent la femelle.

1857 Les livres ne se font pas comme les enfants, mais comme les pyramides, avec un dessin prémédité, et en apportant des grands blocs l'un par-dessus l'autre, à force de reins, de temps et de sueur, et ça ne sert à rien! et ça reste dans le désert! mais en le dominant prodigieusement. Les chacals pissent au bas et les bourgeois montent dessus, etc. Continue la comparaison.

1857 Il y a une locution latine qui dit à peu près: « Ramasser un denier dans l'ordure avec ses dents. » On appliquait cette figure de rhétorique aux avares. Je suis comme eux, je ne m'arrête à rien pour trouver l'or.

1867 Il est vrai que beaucoup de choses m'exaspèrent. Du jour où je ne serai plus indigné je tomberai à plat, comme une poupée à qui on retire son bâton.

1872 Le cœur reste intact, mais j'ai la sensibilité exaspérée par-ci, émoussée par-là, comme un vieux couteau trop aiguisé, qui a des hoches et qui s'ébrèche facilement.

1872 Jamais les intérêts de l'esprit n'ont moins compté. Jamais la haine de toute grandeur, le dédain du Beau, l'exécration de la littérature enfin n'a été si manifeste. J'ai toujours tâché de vivre dans une tour d'ivoire; mais une marée de merde en bat les murs, à la faire crouler.

1873 Je continue cependant de faire les phrases, comme les bourgeois qui ont un tour dans leur grenier font des ronds de serviette, par désœuvrement et pour mon agrément personnel.

1875 Malgré tes conseils, je ne peux pas arriver à l'« endurcissement » ma chère fille. Ma sensibilité est surexcitée; j'ai les nerfs et le cerveau malades, très malades, je le sens... Allons! bon! Voilà que je vais recommencer à me plaindre, bien que je ne veuille pas t'affliger. Je me borne à relever ta comparaison du « rocher ». Apprends donc que les vieux granits deviennent quelquefois des couches d'argile.

1875 Moi, je me sens déraciné et roulant au hasard comme une algue morte.

1880 Et quand finira mon livre? Problème. Pour qu'il paraisse l'hiver prochain, je n'ai pas d'ici là une minute à perdre. Mais, par moments, il me semble que je me liquéfie comme un vieux camembert, tant je me sens fatigué.

3

Celui qui le trouve le garde

On peut définir un filet de deux façons, en fonction du point de vue. Normalement, on dira que c'est un instrument avec des mailles qui permet de prendre du poisson. Mais on peut, sans offenser la logique, inverser l'image et définir un filet comme l'a fait un lexicographe facétieux : un ensemble de trous liés ensemble par du fil.

On peut faire la même chose avec une biographie. Le chalut se remplit et le biographe le hisse, il trie, il rejette, il met de côté, il pare et vend. Regardons ce qu'il n'attrape pas : il y en a toujours beaucoup plus. La biographie est sur l'étagère, grosse et digne comme un bourgeois vantard et posé : une vie d'un shilling vous donnera tous les faits, une vie d'une livre toutes les hypothèses. Mais pensez à tout ce qui est perdu, qui s'enfuit avec le dernier souffle du biographé. Quelle chance reste-t-il au plus astucieux d'entre eux contre le sujet qui le voit arriver et qui décide de s'amuser?

J'ai rencontré Ed Winterton pour la première fois quand il a mis la main sur la mienne à l'hôtel Europa. Cela dit pour plaisanter; mais c'est pourtant vrai. C'était dans une foire du livre et j'avais réussi à atteindre juste avant lui un exemplaire des *Souvenirs littéraires* de Tourgueniev. La rencontre entraîna des excuses, aussi embarrassées de son côté que du mien. Quand nous avons compris qu'un plaisir de bibliophile était la seule émotion qui avait déterminé ce recouvrement de nos mains, Ed murmura : « Sortons pour parler. »

Devant un thé sans intérêt, nous avons découvert les chemins séparés qui nous avaient conduits au même livre. Je lui parlai de Flaubert; il m'expliqua l'intérêt qu'il portait à Gosse [1] et à la vie littéraire anglaise vers la fin du siècle dernier. Je rencontre peu d'universitaires américains et j'ai été agréablement surpris que celui-ci soit lassé par Bloomsbury et heureux de laisser le mouvement moderne à ses collègues plus jeunes et plus ambitieux. Mais Ed Winterton aimait se présenter comme un raté. Il avait un peu plus de quarante ans, il était chauve, avec un teint rose et glabre, et portait des lunettes carrées sans monture : le type banquier de l'universitaire, circonspect et moral. Il s'achetait des vêtements anglais sans du tout avoir l'air d'un Anglais. Il continuait à faire partie de ce genre d'Américains qui portent toujours un mackintosh à Londres parce qu'ils savent que c'est une ville où il peut pleuvoir même quand le ciel est bleu. Il portait également son mackintosh dans le hall de l'hôtel Europa.

Son allure de raté n'avait rien de désespéré. Elle semblait plutôt être le résultat d'une prise de conscience qui ne l'avait pas affligé : il n'était pas fait pour le succès et en conséquence son devoir était de s'assurer qu'il fût un raté correct et acceptable. A un moment, alors que nous parlions de l'improbabilité de voir sa biographie de Gosse achevée, encore moins publiée, il s'arrêta et, baissant la voix :

« Mais de toute façon, je me demande parfois si M. Gosse aurait approuvé ce que je fais.

– Vous voulez dire... » Je connaissais peu de chose sur Gosse et mes yeux grands ouverts suggéraient peut-être trop clairement des blanchisseuses nues, des métis illégitimes et des corps dépecés.

« Oh, non, non, non. Seulement l'idée d'*écrire* sur lui. Il

1. Sir Edmund William Gosse (1849-1928), poète, critique et biographe anglais. (*N.d.T.*)

aurait pu penser que c'était une sorte de... coup bas. »

Je lui ai laissé le Tourgueniev, bien sûr, ne serait-ce que pour échapper à une discussion sur la moralité de la possession. Je ne voyais pas le rapport entre l'éthique et la propriété d'un livre d'occasion; mais Ed le voyait. Il me promit de me contacter si jamais il tombait sur un autre exemplaire. Puis nous avons brièvement discuté de mes droits à payer le thé.

Je ne pensais plus entendre parler de lui, en tout cas pas à propos de ce qui le poussa à m'écrire un an plus tard. « Êtes-vous intéressé par Juliet Herbert? A en juger par les documents, cela semble une relation fascinante. Je serai à Londres en août, si cela vous intéresse. Amitiés, Ed (Winterton). »

Que ressent la fiancée quand elle ouvre la boîte et qu'elle voit la bague sur du velours pourpre? Je n'ai jamais demandé à ma femme; et, maintenant, il est trop tard. Ou qu'a ressenti Flaubert alors qu'il attendait le lever du soleil au sommet de la Grande Pyramide et qu'il a vu l'éclat d'or sur le velours pourpre de la nuit? L'étonnement, la terreur et une joie violente se levèrent dans mon cœur quand je lus ces deux mots dans la lettre d'Ed. Non, pas « Juliet Herbert », les deux autres : tout d'abord « fascinante », ensuite « documents ». Et, au-delà de la joie, ainsi que du travail, y avait-il quelque chose d'autre? La pensée honteuse d'un grade *honoris causa* quelque part?

Juliet Herbert est un grand trou entouré de fil. Elle est devenue institutrice de Caroline, la nièce de Flaubert, dans les années 1850 et elle est restée à Croisset pendant un nombre d'années indéterminé; puis elle est rentrée à Londres. Flaubert lui écrivit, et elle lui répondit; ils se rendirent visite de temps en temps. Nous ne savons rien d'autre. Aucune lettre de lui ou d'elle n'est restée. Nous ne savons à peu près rien de la famille de Juliet. Nous ne savons même pas à quoi elle ressemblait. Il ne reste aucune description d'elle et aucun des amis de Flaubert ne songea à parler d'elle après sa mort alors que la plupart des autres femmes de quelque importance dans sa vie étaient citées.

Les biographes ne sont pas d'accord à propos de Juliet Herbert. Pour certains, le manque d'éléments indique qu'elle avait peu de signification dans la vie de Flaubert; d'autres concluent de cette absence précisément le contraire et affirment que la provocante institutrice fut certainement une des maîtresses de l'écrivain, sans doute la grande passion inconnue de sa vie et peut-être même sa fiancée. L'hypothèse est directement liée au tempérament du biographe. Pouvons-nous déduire que Gustave aimait Juliet du fait qu'il a appelé son lévrier Julio? Certains le peuvent. Cela me semble un peu tendancieux. Mais, dans ce cas, que déduisons-nous du fait que dans plusieurs lettres Gustave appelle sa nièce « Loulou », le nom qu'il donna plus tard au perroquet de Félicité? Ou du fait que George Sand avait un bélier appelé Gustave?

Une référence claire à Juliet Herbert est dans une lettre à Bouilhet, écrite après une visite de ce dernier à Croisset : « Depuis que je t'ai vu excité par (et pour) l'institutrice, je le suis (excité). A table mes yeux suivent volontiers la pente douce de sa gorge. Je crois qu'elle s'en aperçoit car elle pique des coups de soleil, cinq ou six fois par repas. Quelle jolie comparaison on ferait avec cette pente de gorge comparée aux glacis d'une forteresse. Les amours dégringolent là-dessus en montant à l'assaut. (En sheik) : " Je sais bien, moi, quelle pièce d'artillerie j'y traînerais. " »

Devons-nous sauter aux conclusions? Franchement, c'est le genre de vantardise que Flaubert écrivait toujours à ses amis masculins. Je trouve cela peu convaincant : le vrai désir n'est pas si facilement détourné en métaphore. Mais tous les biographes veulent secrètement annexer et canaliser la vie sexuelle de leurs sujets; vous devez me juger en même temps que Flaubert.

Ed avait-il vraiment découvert quelque document sur Juliet Herbert? J'avoue avoir éprouvé un sentiment de possession à l'avance. Je m'imaginais le présenter dans un des plus importants journaux littéraires; peut-être *T.L.S.* [1] « Juliet Herbert : un mystère résolu », par Geoffrey Braithwaite – illustré par une de ces photos sur lesquelles vous ne pouvez absolument pas lire l'écriture. J'ai aussi commencé à m'inquiéter en pensant à Ed laissant échapper maladroitement sa découverte à l'université et révélant sa cachette à quelque ambitieux spécialiste de français, aux cheveux coupés comme un astronaute.

Mais il s'agissait là de sentiments indignes et, je l'espère, non caractéristiques. J'étais surtout effrayé à l'idée de découvrir le secret de la relation entre Gustave et Juliet (que pouvait dire d'autre le mot « fascinante » dans la lettre d'Ed?) Je frissonnais aussi à la pensée que les documents m'aideraient peut-être à imaginer avec encore plus d'exactitude à quoi ressemblait Flaubert. Le filet se resserrait. Découvririons-nous, par exemple, comment s'était comporté l'écrivain à Londres?

Cela avait un intérêt précis. Au XIXe siècle, les échanges culturels entre la France et l'Angleterre étaient au mieux pragmatiques. Les écrivains français ne franchissaient pas la Manche pour parler d'esthétique avec leurs collègues anglais; soit ils fuyaient la justice, soit ils cherchaient du travail. Hugo et Zola vinrent comme exilés; Verlaine et Mallarmé comme professeurs. Villiers de l'Isle-Adam, souffrant de pauvreté chronique mais follement pratique, vint en Angleterre à la recherche d'une héritière. Pour cette expédition, un marieur parisien lui avait fourni un manteau de fourrure, une montre qui sonnait l'heure et un nouveau dentier, toutes choses qui devaient lui être rendues quand l'écrivain toucherait la dot de l'héritière. Mais Villiers, infatigablement prédisposé aux accidents, sabota sa cour. L'héritière le rejeta, le marieur se présenta pour réclamer le manteau et la montre, et le soupirant écarté se retrouva à la dérive sur le pavé de Londres, avec des dents mais sans un sou.

1. *Times Literary Supplement.* (*N.d.T.*)

Et Flaubert? Nous savons peu de chose sur ses quatre voyages en Angleterre. Nous savons que la Grande Exposition de 1851 obtint son approbation inattendue – « une fort belle chose, quoique admirée de tout le monde », – mais les notes sur son premier voyage ne comptent que sept pages : deux sur le British Museum, et cinq sur les départements chinois et indien du Crystal Palace. Quelles furent ses premières impressions sur nous? Il avait dû en faire part à Juliet. Fallait-il nous contenter de nos entrées dans son *Dictionnaire des idées reçues* (ANGLAIS : Tous riches. ANGLAISES : S'étonner de ce qu'elles ont de jolis enfants) ?

Et sur les visites suivantes, alors qu'il était devenu l'auteur célèbre de *Madame Bovary*? Rechercha-t-il des écrivains anglais? Rechercha-t-il des bordels anglais? Resta-t-il douillettement installé chez Juliet, à la contempler au cours du dîner puis à prendre sa forteresse d'assaut? N'étaient-ils (je l'espérais à moitié) que des amis? L'anglais de Flaubert était-il aussi approximatif qu'il en avait l'air d'après ses lettres? Ne parlait-il que shakespearien? Et se plaignait-il beaucoup du *fog?*

Quand j'ai retrouvé Ed au restaurant, il avait l'air encore moins prospère qu'auparavant. Il me parla des réductions de budget, d'un monde cruel et de l'absence de publication de sa part. J'en déduisis, plutôt que je ne le compris, qu'on l'avait mis à la porte. Il m'expliqua l'ironie de son licenciement. Cela venait directement de son dévouement à son travail, sa répugnance à ne pas rendre justice à Gosse en le présentant au monde. Ses supérieurs universitaires avaient suggéré qu'il bâclât son travail. Jamais de la vie. Il respectait trop l'écriture et les écrivains pour cela. Il conclut en disant : « Ne leur devons-nous pas quelque chose en retour? »

Je lui manifestais peut-être moins de sympathie qu'il n'en espérait. Mais peut-on aller contre sa chance? Pour une fois, elle m'était favorable. J'avais commandé mon repas rapidement, en m'intéressant à peine à ce que je mangeais; Ed avait médité sur le menu comme un

Verlaine à qui on aurait offert son premier vrai repas depuis des mois. Écouter les plaintes fatigantes d'Ed sur lui-même et le regarder en même temps dévorer une friture avait lassé ma patience, sans pour autant diminuer mon excitation.

« Très bien, dis-je en attaquant le plat principal, et Juliet Herbert?

– Oh, dit-il, oui. » Je voyais bien qu'il avait besoin qu'on le poussât. « C'est une histoire étrange.

– Sans doute.

– Oui. » Ed semblait un peu peiné, presque embarrassé. « Eh bien, depuis six mois je recherchais la trace d'une descendante lointaine de M. Gosse. Ce n'est pas que j'espérais trouver quelque chose. C'était simplement parce que, autant que je pouvais le savoir, personne n'avait jamais parlé à la dame en question et je pensais qu'il était de mon... devoir de la rencontrer. Peut-être qu'une légende familiale dont je n'avais pas rendu compte lui était parvenue.

– Et alors?

– Et alors? Elle ne lui était pas parvenue. Non, elle ne me fut vraiment d'aucune aide. C'était pourtant une belle journée. Le Kent. »

Il eut l'air peiné à nouveau; le mackintosh dont le garçon l'avait débarrassé sans pitié semblait lui manquer. « Ah! Mais je vois ce que vous voulez dire. Ce qui lui était parvenu, c'étaient les lettres. Maintenant, permettez-moi de dire les choses dans l'ordre; vous me corrigerez, je l'espère. Juliet Herbert est morte en 1909? Oui. Elle avait une cousine. Oui. Cette femme trouva les lettres, les porta à M. Gosse en lui demandant ce qu'elles valaient. M. Gosse pensa qu'on venait le voir pour de l'argent et il dit que les lettres étaient intéressantes mais qu'elles n'avaient aucune valeur. Sur ce, la cousine lui tendit simplement les lettres et lui dit : " Si elles n'ont aucune valeur, prenez-les. " Ce qu'il fit.

– Comment savez-vous tout cela?

– Il y avait aussi une lettre de la main de M. Gosse.

– Et alors?

– Et alors elles sont parvenues jusqu'à cette dame. Le Kent. Elle m'a posé la même question. Valaient-elles quelque chose? Je regrette de m'être conduit de façon plutôt immorale. Je lui ai dit qu'elles avaient eu de la valeur quand Gosse les avait examinées, mais qu'elles n'en avaient plus. Je lui ai dit qu'elles étaient toujours intéressantes mais qu'elles ne valaient plus grand-chose parce que, pour la moitié, elles étaient écrites en français. Puis je les ai achetées pour cinquante livres.

– Grands dieux! » Pas étonnant qu'il eût l'air sournois.

« Oui, c'était plutôt moche, n'est-ce pas? Je n'arrive pas à me trouver d'excuses; le fait que M. Gosse lui-même eût menti en obtenant les lettres ne semblait que brouiller les choses. Cela pose une question éthique très intéressante, vous ne trouvez pas? En fait, j'étais assez déprimé d'avoir perdu mon emploi, et je me suis dit que j'allais les rapporter chez moi, que je les vendrais et qu'ainsi je pourrais continuer mon livre.

– Combien y a-t-il de lettres?

– Soixante-quinze. Environ trois douzaines de chacun. C'est ainsi que nous avons établi le prix – une livre pièce pour celles qui sont en anglais, et cinquante pence pour celles qui sont en français.

– Grands dieux! » Je me suis demandé ce qu'elles pouvaient valoir. Peut-être mille fois ce qu'il les avait payées. Ou plus.

« Oui.

– Très bien, parlez-moi des lettres.

– Ah! » Il fit une pause et me regarda d'un air qui aurait pu être fripon s'il n'avait été si humble et si pédant. Mon excitation devait sans doute l'amuser. « Très bien, allez-y. Que voulez-vous savoir?

– Vous les avez lues?

– Oh, oui!

– Et, et... » Je ne savais pas quoi lui demander. Il

s'amusait vraiment. « Et... Étaient-ils amants? Ils l'étaient, n'est-ce pas?

– Oh oui, certainement.

– Et quand cela a-t-il commencé? Tout de suite après son arrivée à Croisset?

– Oh oui, tout de suite après. »

Très bien, cela expliquait la lettre à Bouilhet : Flaubert s'amusait, il prétendait avoir autant, ou aussi peu, de chances que son ami auprès de l'institutrice; alors qu'en fait...

« Et cela a duré tout le temps de son séjour?

– Oh oui!

– Et quand il est venu en Angleterre?

– Oui, également.

– Et était-elle sa fiancée?

– C'est difficile à dire. A peu près, je pense. Il y a quelques références dans leurs lettres à tous les deux, la plupart sous forme de plaisanteries. Des remarques sur la petite institutrice anglaise qui a pris au piège le célèbre homme de lettres français; ce qu'elle ferait s'il était emprisonné pour un nouvel outrage à la morale publique; des choses de ce genre.

– Oui, oui, oui. Et est-ce que nous découvrons comment elle était?

– Comment elle était? Oh, vous voulez dire à quoi elle ressemblait?

– Oui. Il n'y avait pas... il n'y avait pas... » Il a deviné mon espoir. « ... une photo?

– Une photo? Oui, plusieurs, en fait; d'un studio de Chelsea, sur du carton épais. Il avait dû lui demander de lui en envoyer quelques-unes. Cela a-t-il un intérêt?

– C'est incroyable. Comment était-elle?

– Très belle, d'une façon qu'on n'oublie pas. Des cheveux noirs, une mâchoire forte, un joli nez. Je ne l'ai pas regardée très en détail; ce n'est pas mon type.

– Et s'entendaient-ils bien? » Je savais à peine ce que je voulais encore lui demander. Je pensais en moi-même, *La Fiancée anglaise de Flaubert*, de Geoffrey Braithwaite.

« Oh, apparemment. Ils semblaient très amoureux. A la fin, il avait appris quantité de mots tendres en anglais.

– Ainsi il connaissait l'anglais?

– Oh oui, il y a plusieurs longs passages en anglais dans ses lettres.

– Aimait-il la ville de Londres?

– Bien sûr. Comment ne l'aurait-il pas aimée? C'était là qu'habitait sa fiancée. »

Cher vieux Gustave, me murmurais-je à moi-même; je ressentais une grande tendresse à son égard. Ici, dans cette ville, il y avait un peu plus d'un siècle, avec une de mes compatriotes qui avait pris son cœur. « Se plaignait-t-il du *fog?*

– Bien sûr. Il écrit quelque chose comme : Comment réussissez-vous à vivre avec un tel brouillard? Quand un gentleman a reconnu une femme venant à sa rencontre dans le brouillard, il est déjà trop tard pour qu'il lève son chapeau. Je suis surpris que la race ne se soit pas éteinte quand les conditions rendent si difficile la courtoisie naturelle. »

Oh oui, c'était le ton – élégant, moqueur, légèrement osé. « Et à propos de la Grande Exposition? Donne-t-il quelques détails? Je parie qu'il aimait.

– Oui. Bien sûr, c'était quelques mois avant leur première rencontre, mais il en parle de façon sentimentale – il se demande s'il a pu, sans le savoir, la croiser dans la foule. Il pensait que c'était un peu affreux, mais également assez splendide. Il semble avoir regardé tout ce qui était exposé comme s'il s'agissait d'une gigantesque présentation de matériaux pour lui.

– Eh, heu... » Allons, pourquoi pas? « Je suppose qu'il n'est pas allé au bordel? »

Ed me regarda d'un air fâché. « Eh bien, il écrivait à sa fiancée, n'est-cc pas? Il ne pouvait pas s'en vanter.

– Non, bien sûr que non. »

Il m'avait remis à ma place. Mais je me sentais aussi très heureux. Mes lettres. *Mes* lettres. Winterton avait l'intention de me laisser les publier, n'est-ce pas?

« Quand pourrai-je les voir? Vous les avez apportées avec vous?

– Oh non.

– Non? » D'accord, il était raisonnable de les laisser quelque part en sécurité. Le voyage représente des dangers. A moins... à moins qu'il y ait quelque chose que je n'aie pas compris. Peut-être... voulait-il de l'argent? Je me rendis compte brusquement que je ne savais rien d'Ed Winterton, sauf qu'il possédait mon exemplaire des *Souvenirs littéraires* de Tourgueniev. « Vous n'en avez même pas apporté une?

– Non, vous voyez, je les ai brûlées.

– Vous... quoi?

– Oui, c'est ce que je voulais dire en vous expliquant que c'était une histoire étrange.

– Actuellement, cela ressemble plus à une histoire criminelle.

– J'étais sûr que vous comprendriez », dit-il, à ma grande surprise; puis il fit un large sourire. « Je veux dire, surtout vous. En fait, au début, j'ai décidé de ne rien dire du tout à personne, puis je me suis souvenu de vous. J'ai pensé qu'il fallait le dire à une personne. Simplement pour l'histoire.

– Continuez. » C'était un fou, cela ne faisait aucun doute. Pas étonnant qu'on l'ait flanqué à la porte de l'université. Si seulement on l'avait fait plus tôt!

« Eh bien, vous voyez, elles étaient pleines de choses fascinantes, les lettres. Beaucoup étaient très longues, remplies de réflexions sur les autres écrivains, sur la vie, et ainsi de suite. Elles étaient encore plus libres que ses lettres normales. C'était peut-être parce qu'il les envoyait à l'extérieur du pays qu'il se permettait autant de liberté. » Est-ce que ce criminel, cet imposteur, ce raté, ce meurtrier, ce pyromane chauve savait ce qu'il me faisait? Oui, sans aucun doute. « Et ses lettres à elle étaient aussi très belles à leur manière. Elle parlait de toute son existence. Très révélatrices sur Flaubert. Bourrées de descriptions sur la vie quotidienne à Croisset.

Manifestement, elle avait un très bon sens de l'observation. Je pense qu'elle a été la seule à remarquer certaines choses.

– Continuez. » Je fis un signe sinistre au garçon. Je n'étais pas sûr de pouvoir rester là plus longtemps. Je voulais dire à Winterton à quel point j'étais heureux de savoir que les Britanniques avaient brûlé la Maison-Blanche.

« Je suis persuadé que vous vous demandez pourquoi j'ai détruit les lettres. Je me rends bien compte que quelque chose vous énerve. Eh bien, dans leur toute dernière correspondance, il dit que, s'il meurt, les lettres qu'elle lui a écrites lui seront retournées et qu'elle devra brûler les deux paquets.

– A-t-il donné une raison?

– Non. »

Cela me semblait étrange, dans la mesure où ce fou disait la vérité. Mais Gustave brûla beaucoup de sa correspondance avec Du Camp. Peut-être qu'une certaine fierté de ses origines familiales s'était affirmée et il n'avait pas voulu que le monde sache qu'il avait failli épouser une institutrice anglaise. Ou peut-être n'avait-il pas voulu que nous sachions que son attachement célèbre à la solitude et à l'art avait presque été vaincu. Mais le monde saurait. Je le lui dirais, d'une façon ou d'une autre.

« Aussi, vous le voyez, je n'avais pas d'autre choix. Je veux dire que, quand on travaille sur les écrivains, on doit faire preuve d'intégrité à leur égard, n'est-ce pas? On doit faire ce qu'ils disent, même si d'autres ne le font pas. » Quel salaud suffisant et moralisateur! Il étalait sa morale comme des grues étalent leur maquillage. Et il réussissait à mélanger dans la même expression la fourberie d'avant et la suffisance d'aujourd'hui. « Il y avait aussi quelque chose d'autre dans la dernière lettre de Flaubert. Une étrange instruction, avant de demander à Mlle Herbert de brûler la correspondance. Il disait : Si jamais quelqu'un te demande ce que contenaient mes lettres ou à quoi ressemblait ma vie, mens-leur s'il te plaît. Ou plutôt, puisque je ne peux te demander de mentir à tout le monde, dis-leur simplement ce que tu crois que chacun veut entendre. »

Je me sentais comme Villiers de l'Isle-Adam : quelqu'un m'avait prêté un manteau de fourrure et une montre pour quelques jours, et il me les avait repris cruellement. Il est heureux que le garçon fût revenu à ce moment-là. En outre, Winterton n'était pas si stupide que ça : il avait reculé sa chaise loin de la table et jouait avec ses ongles. « Ce qui est dommage, dit-il alors que je rangeais ma carte de crédit, c'est que maintenant je ne vais plus être en mesure de financer le travail sur M. Gosse. Mais je suis sûr que vous penserez comme moi que c'est une décision morale. »

Je crois que la remarque que j'ai faite était profondément injuste à l'égard de M. Gosse à la fois en tant qu'écrivain et en tant qu'être doué d'une vie sexuelle; mais je ne vois pas comment j'aurais pu l'éviter.

4

Le bestiaire de Flaubert

« J'attire les fous et les animaux. »
Lettre à Alfred Le Poittevin, 26 mai 1845.

L'OURS

Gustave était l'Ours. Sa sœur Caroline était le Rat – elle signe elle-même « ton cher rat », « ton rat fidèle »; il l'appelle « petit rat », « ah! rat, mon bon rat, mon vieux rat », « vieux rat, vieux coquin de rat, mon bon rat, mon pauvre vieux rat » – mais Gustave était l'Ours. Quand il n'avait que vingt ans, les gens trouvaient que c'était « un drôle d'original, un ours, un jeune homme comme il n'y en a pas beaucoup »; et, avant même sa crise d'épilepsie et sa réclusion à Croisset, l'image s'était imposée d'elle-même : « Je suis ours et veux rester ours dans ma tanière, dans mon antre, dans ma peau, dans ma vieille peau d'ours, bien tranquille et loin des bourgeois et des bourgeoises. » Après sa crise, la bête s'est confirmée en lui : « Je vis seul comme un ours. » (Dans cette phrase, le mot « seul » est mieux défini ainsi : « seul, sauf pour mes parents, ma sœur, les domestiques, notre chien, la chèvre de Caroline et les visites régulières d'Alfred Le Poittevin ».)

Il guérit et fut autorisé à voyager; en décembre 1850, il écrivit à sa mère, de Constantinople, en développant l'image de l'Ours. Cela n'explique plus seulement son caractère, mais aussi sa stratégie littéraire.

« Mêlé à la vie, on la voit mal, on en souffre ou (on) en

jouit trop. L'artiste, selon moi, est une monstruosité – quelque chose de hors nature. Tous les malheurs dont la Providence l'accable lui viennent de l'entêtement qu'il a à nier cet axiome... Or (c'est la conclusion) je suis résigné à vivre comme j'ai vécu, seul, avec ma foule de grands hommes qui me tiennent lieu de cercle, avec ma peau d'ours, étant un ours moi-même, etc. »

La « foule des grands hommes », inutile de le dire, ne sont pas des invités mais des compagnons pris sur les rayons de sa bibliothèque. Quant à sa « peau d'ours », il s'en inquiétait toujours; il écrivit deux fois d'Orient (Constantinople, avril 1850; Benisouëf, juin 1850) pour demander à sa mère d'en prendre soin. Sa nièce Caroline se souvenait aussi de cet élément central de son cabinet de travail. On l'y conduisait à une heure pour ses leçons : « ... le large cabinet où les persiennes soigneusement closes n'avaient pas laissé pénétrer la chaleur; il y faisait bon, on respirait une odeur de chapelets orientaux mêlée à celle du tabac et à un reste de parfums, venant par la porte laissée entrouverte du cabinet de toilette. D'un bond, je m'élançais sur une grande peau d'ours blanc que j'adorais; je couvrais sa grosse tête de baisers. »

« Quand vous aurez réussi à attraper votre ours », dit le proverbe de Macédoine, « il dansera pour vous. » Flaubert ne dansait pas; Gourstave n'était l'ours de personne.

OURS : S'appelle généralement Martin. Citer l'anecdote de l'invalide qui, voyant une montre tombée dans sa fosse, y est descendu et a été dévoré.

Dictionnaire des idées reçues.

Gustave est aussi d'autres animaux. Dans sa jeunesse, il est tout un ensemble de bêtes : désirant ardemment voir Ernest Chevalier, il est « un lion, un tigre, tigre d'Inde, boa constrictor »! (1841); ressentant une rare plénitude de sa force, il est « bœuf, sphinx, butor, éléphant, baleine » (1841); par la suite, il n'en prend qu'une à la fois. « Une huître à l'écale » (1851); « comme la limace qui a peur [...] je rentre dans ma coquille » (1851); « comme le hérisson qui montre toutes ses pointes » (1853, 1857). « Je ne suis qu'un lézard littéraire qui se chauffe toute la journée au grand soleil du Beau » (1846), « je ne suis pas le rossignol, mais la fauvette au cri aigre qui se cache au fond des bois pour n'être entendue que d'elle-même » (également 1846). Il devient attendri et nerveux « comme une vache » (1867); il se sent fatigué « comme un âne » (1867); cependant, « il barbote dans la Seine comme un marsouin » (1870). « Je travaille comme un mulet » (1852); « la vie que j'ai menée cet hiver est faite pour tuer trois rhinocéros » (1872); il travaille « comme XV bœufs » (1878); il conseille cependant à Louise Colet de « continuer tête baissée dans son œuvre, comme une taupe » (1853). Pour Louise, il ressemble à « un buffle indompté des déserts d'Amérique » (1846). Cependant, George Sand le voit « doux comme un mouton » (1866) – ce qu'il nie (1869) – et tous deux bavardent « comme des pies » (1866); dix ans plus tard, à son enterrement, il pleure « comme un veau » (1876). Seul dans son cabinet de travail, il termine l'histoire qu'il écrivait spécialement pour elle, l'histoire du perroquet; il hurle « comme un gorille » (1876).

A l'occasion, il flirte avec le rhinocéros et le chameau comme des images de lui-même, mais surtout, en secret, essentiellement, il est l'Ours : « un ours entêté » (1852), il « s'enfonce chaque jour dans une *ourserie* » à cause de la stupidité de son époque (1853), « un ours galeux » (1854), et même « un ours empaillé » (1869); et ainsi jusqu'à la toute dernière année de sa vie, quand il a encore « la gueule de l'Ours des cavernes » (1880). Il faut noter que dans *Hérodias,* la dernière œuvre achevée de Flaubert, quand on ordonne au prophète emprisonné Ioakanann de cesser ses imprécations contre la corruption du monde, il répond qu'il continuera à crier « comme un ours ».

« La parole humaine est comme un chaudron fêlé où nous battons des mélodies à faire danser les ours, quand on voudrait attendrir les étoiles. »

Madame Bovary.

Il y avait encore des ours à l'époque de Gourstave : des ours bruns dans les Alpes, des ours roux en Savoie. On pouvait se procurer du jambon d'ours chez les marchands de salaisons. Alexandre Dumas mangea du steak d'ours à l'hôtel de la Poste, à Marigny en 1832; plus tard, dans son *Grand Dictionnaire de cuisine* (1870) il nota que « la chair de l'ours est mangée aujourd'hui par tous les peuples de l'Europe ». Dumas recueillit auprès du chef de Leurs Majestés de Prusse la recette des pattes d'ours à la moscovite. A Moscou, « les pattes s'y vendent tout écorchées; on commence par les laver, les saler, les déposer dans une terrine, les couvrir avec une marinade cuite au vinaigre, les faire macérer pendant deux ou trois jours; foncer une casserole avec des débris de lard et de jambon ainsi que des légumes émincés; puis on range les pattes d'ours sur les légumes; on les mouille à couvert avec leur marinade et du bouillon; on les couvre avec des bardes de lard; on les fait cuire pendant sept à huit minutes à feu très doux en allongeant le mouillement à mesure qu'il réduit; quand les pattes sont cuites, on les laisse à peu près refroidir dans leur cuisson; on les égoutte, on les éponge, on les divise chacune en quatre parties en leur longueur; on les saupoudre avec du cayenne, on les roule dans un saindoux fondu, on les pane et on les fait griller une demi-heure à feu très doux; puis on les dresse sur un plat au fond duquel on a versé une sauce piquante réduite et finie avec deux cuillerées de gelée de groseille ».

On ne sait si Gourstave a jamais mangé de son homonyme. Il a mangé du dromadaire à Damas en 1850. Il est raisonnable de penser que, s'il avait mangé de l'ours, il aurait commenté une telle ipsophagie.

Quelle espèce d'ours était exactement Gourstave? Nous pouvons suivre sa piste à travers ses lettres. Au début, c'est un ours non spécifié (1841). Il est toujours non spécifié – bien que possédant une tanière – en 1843, en janvier 1845 et en mai 1845 (à cette époque, il se vante d'une « triple fourrure »). En juin 1845, il a envie d'acheter « un bel ours (en peinture), de le faire encadrer et suspendre dans ma chambre après avoir écrit au-dessous : *Portrait de Gustave Flaubert*, pour indiquer mes dispositions morales et mon humeur sociale ». Nous sommes allés (et lui aussi peut-être) jusqu'à imaginer un animal sombre : un ours brun d'Amérique, un ours noir de Russie, un ours roux de Savoie. Mais, en septembre 1845, Gustave Flaubert annonce fermement être un « ours blanc ».

Pourquoi? Est-ce parce que c'est un ours qui est aussi européen? Est-ce une identification avec la peau d'ours blanc sur le plancher de son cabinet de travail (qu'il mentionne pour la première fois dans une lettre à Louise Colet, d'août 1846, en lui disant qu'il aime « s'y coucher dans le jour »? Peut-être a-t-il choisi son espèce afin de pouvoir s'y allonger, camouflé et plaisanter)? Ou cette coloration est-elle le signe d'un éloignement encore plus grand de l'humanité, une avancée jusqu'à l'oursinité extrême? Les ours brun, noir, roux ne sont pas tellement loin de l'homme, des villes de l'homme et même de l'amitié de l'homme. Les ours de couleur peuvent presque tous être apprivoisés. Mais l'ours blanc, l'ours polaire? Il ne danse pas pour le plaisir de l'homme; il ne mange pas de baies; on ne peut l'attraper qu'à cause de son penchant pour le miel.

On s'est servi d'autres ours. Pour les jeux, les Romains importaient des ours d'Angleterre. Les habitants du Kamtchatka, en Sibérie orientale, utilisaient des intestins d'ours comme masques faciaux pour se protéger de l'éclat du soleil; et ils aiguisaient l'os de l'omoplate d'ours pour couper de l'herbe. Mais l'ours blanc, *Thalarctos mariti-*

mus, est l'aristocrate des ours. Solitaire, distant, plongeant avec élégance pour pêcher et attaquant violemment les phoques quand ils remontent pour respirer. Les ours marins. Ils parcourent de grandes distances, portés sur des morceaux de glace. Un hiver du siècle dernier, douze grands ours blancs sont descendus ainsi jusqu'en Islande; imaginez-les descendant de leur trône en train de fondre, arrivée terrifiante et digne d'un dieu. William Scoresby, l'explorateur de l'Arctique, notait que le foie de l'ours est toxique – la seule partie d'un quadrupède connu qui le soit. Parmi les gardiens de zoo, on ne connaît aucun test de grossesse chez l'ours polaire. Des faits étranges que Flaubert n'aurait peut-être pas trouvés étranges.

« Lorsque les Iakoutes, peuple de Sibérie, rencontrent un ours, ils ôtent leur bonnet, le saluent, l'appellent chef, vieillard ou grand-papa, et lui promettent de ne pas l'attaquer ni de jamais dire du mal de lui. Mais, s'il fait mine de vouloir se jeter sur eux, ils tirent sur lui et, s'ils le tuent, ils le coupent en morceaux, le font rôtir et s'en régalent en répétant sans cesse : " Ce sont les Russes qui te mangent et non pas nous. " »

A. F. AULAGNIER,
Dictionnaire des aliments et des boissons.

Y avait-il d'autres raisons qui l'ont poussé à choisir d'être un ours? Le sens figuré de l'*ours* * est à peu près le même en anglais : un homme hargneux et sauvage. *Ours* * est un terme argotique désignant une cellule de commissariat. *Avoir ses ours* * signifie « avoir ses règles » (sans doute parce que, à ces moments-là, une femme est supposée se comporter comme un ours de mauvaise humeur). Les linguistes situent la naissance de cette expression au début du siècle (Flaubert ne l'utilise pas; il préfère « les Anglais sont débarqués [1] » et d'autres varia-

1. A l'époque les soldats anglais portaient des tuniques rouges (*redcoats*). (*N.d.T.*)

tions humoristiques. Une fois, s'étant inquiété d'un retard de Louise Colet, il note finalement avec soulagement que « lord Palmerston est arrivé »). *Un ours mal léché** est un misanthrope grossier. Mieux adapté à Flaubert, un *ours** était au XIXe siècle un terme d'argot désignant une pièce de théâtre très souvent proposée et refusée et finalement acceptée.

Flaubert connaissait sans aucun doute la fable de La Fontaine *L'ours et l'amateur des jardins.* Il y avait une fois, un ours, une créature affreuse et difforme qui vivait « seul et caché », « dans un bois solitaire ». Au bout d'un certain temps, il devint mélancolique et fou.

...la raison d'ordinaire
N'habite pas longtemps chez les gens séquestrés.

Aussi il se mit en route et rencontra un jardinier qui lui aussi menait une vie d'ermite et lui aussi cherchait de la compagnie. L'ours s'installa dans le logis du jardinier. Le jardinier s'était fait ermite parce qu'il ne pouvait supporter les imbéciles; mais :

Comme l'ours en un jour ne disait pas deux mots,
L'homme pouvait sans bruit vaquer à ses travaux.
L'ours allait à la chasse, apportait du gibier.

Quand le jardinier s'endormait, l'ours s'asseyait à côté de lui avec dévouement, et chassait les mouches qui essayaient de se poser sur son visage. Un jour, une mouche s'installa « sur le bout de son nez » et refusa de s'en aller. Cela mit l'ours en colère et, finalement, il saisit une énorme pierre et tua la mouche. Malheureusement, il « casse la tête à l'homme en écrasant la mouche ».

Louise Colet connaissait peut-être aussi l'histoire.

LE CHAMEAU

Si Gustave n'avait pas été l'Ours, il aurait pu être le Chameau. En janvier 1852, il écrit à Louise Colet et lui explique de nouveau son caractère incorrigible : il est comme il est, il ne peut pas changer, il n'a rien à dire sur cette question, il est soumis à la pente naturelle des choses, « qui fait que l'ours blanc habite les glaces et que le chameau marche sur le sable ». Pourquoi le chameau? Peut-être parce que c'est un magnifique exemple du grotesque flaubertien : il ne peut s'empêcher d'être sérieux et comique en même temps. Il écrit du Caire : « Une des plus belles choses, c'est le chameau. Je ne me lasse pas de voir passer cet étrange animal qui sautille comme un dindon et balance son col comme un cygne. Ils ont un cri que je m'épuise à reproduire. J'espère le rapporter, mais c'est difficile à cause d'un certain gargouillement qui tremblote au fond du râle qu'ils poussent. »

L'espèce fait également preuve d'un trait de caractère qui était familier à Gustave : « Je suis, dans mes actions du corps et de l'esprit, comme les dromadaires que l'on a grand mal également à faire marcher et à s'arrêter. » Cette analogie de 1853, une fois mise en route, a du mal, elle aussi, à s'arrêter : elle court toujours dans une lettre à George Sand de 1868.

Chameau * était un terme d'argot désignant une vieille courtisane. Je ne pense pas que cette comparaison aurait déconcerté Flaubert.

LE MOUTON

Flaubert aimait les foires : les acrobates, les géantes, les monstres, les ours qui dansent. A Marseille, il alla visiter sur le quai une baraque foraine qui annonçait deux « femmes-moutons », qui tournaient en rond tandis que des matelots tiraient sur leur toison pour vérifier si elles étaient vraies. Ce n'était pas un spectacle de grande qualité : « Il n'y avait rien de plus bête ni de plus sale », dit-il. Il fut beaucoup plus impressionné à la foire de Guérande, une ancienne ville fortifiée au nord-ouest de Saint-Nazaire, qu'il visita pendant son voyage à pied en Bretagne avec Du Camp, en 1847. Dans une baraque, un paysan rusé « avec un fort accent picard [1] » annonçait un « jeune phénomène » : c'était un mouton à cinq pattes avec une queue en forme de trompette. Flaubert fut enchanté à la fois par le monstre et par son propriétaire. Il admira la bête avec extase; il invita le paysan à dîner, il lui promit « qu'il ferait fortune, et il l'engagea à écrire au roi Louis-Philippe ». A la plus grande désapprobation de Du Camp, « au dessert, Flaubert et lui se tutoyaient ».

Le « jeune phénomène » fascinait Flaubert et il fit partie de son vocabulaire de moquerie. Tandis qu'ils continuaient leur voyage, Flaubert présentait son ami aux arbres et aux buissons avec une gravité feinte. « Permettez-moi de vous présenter le jeune phénomène. » A Brest, Gustave retrouva le rusé Picard et son monstre, ils dînèrent et se saoulèrent ensemble, et Flaubert continua à vanter l'aspect merveilleux de son animal. Il était ainsi souvent saisi par des engouements futiles; Du Camp attendait que « sa folie du moment s'usât d'elle-même », comme une fièvre.

L'année suivante, à Paris, Du Camp était malade et devait garder la chambre. Un après-midi, à quatre heures, il entendit une grande agitation à l'extérieur et sa porte s'ouvrit violemment. Gustave entra, suivi du mouton à cinq pattes et du paysan en blouse bleue. Une foire aux Invalides ou aux Champs-Élysées les avait vomis et Flaubert voulait absolument faire partager sa redécouverte. Du Camp note sèchement que le mouton « ne s'est pas bien conduit ». Gustave non plus – il réclama du vin, il fit tourner l'animal dans la chambre en hurlant ses vertus :

1. Maxime Du Camp, *Souvenirs littéraires*. (*N.d.T.*)

« Le jeune phénomène a trois ans, il a été présenté à l'Académie de médecine et plusieurs têtes couronnées l'ont honoré de leur visite, etc. » Au bout d'un quart d'heure, Du Camp malade en a eu assez : « J'ai remercié le mouton et son propriétaire et j'ai fait balayer ma chambre. »

Mais le mouton avait laissé aussi des crottes dans la mémoire de Flaubert. Un an avant sa mort, il rappelait encore à Du Camp son arrivée surprise avec le jeune phénomène, et il riait comme le jour où cela s'était produit.

LE SINGE, L'ANE, L'AUTRUCHE, LE DEUXIÈME SINGE ET MAXIME DU CAMP

« J'ai vu il y a 8 jours un singe dans la rue se précipiter sur un âne et vouloir le branler de force. L'âne gueulait et foutait des ruades, le maître du singe criait, le singe grinçait. A part deux ou trois enfants qui riaient et moi que ça amusait beaucoup, personne n'y faisait guère attention. Comme je racontais ce fait-là à M. Belin, le chancelier du consulat, il m'a dit, lui, avoir vu une autruche vouloir violer un âne.

« Max [1] s'était fait polluer l'autre jour dans des quartiers déserts sous des décombres et a beaucoup joui. »

Lettre à Louis Bouilhet, Le Caire, janvier 1850.

LE PERROQUET

Pour commencer, les perroquets sont humains; c'est-à-dire étymologiquement. *Perroquet* est un diminutif de *Pierrot; parrot* en anglais vient de *Pierre*; en espagnol, *perico* vient de *Pedro*. Pour les Grecs, leur capacité de parler était un élément du débat philosophique sur les

1. Maxime Du Camp. (*N.d.T.*)

différences entre l'homme et l'animal. Aelien dit que « les brahmanes les honorent plus que tous les autres oiseaux. Et ils ajoutent que cela est raisonnable, car seuls les perroquets peuvent donner une bonne imitation de la voix humaine. » Aristote et Pline disent que cet oiseau est extrêmement lubrique quand il est ivre. De façon plus pertinente, Buffon observe qu'il est prédisposé à l'épilepsie. Flaubert connaissait cette faiblesse fraternelle : les notes qu'il a prises sur les perroquets quand il faisait des recherches pour *Un cœur simple* comprennent une liste de leurs maladies – goutte, épilepsie, aphtes et ulcères de la gorge.

Pour récapituler. Tout d'abord, il y a Loulou, le perroquet de Félicité. Puis il y a les deux perroquets empaillés concurrents, un à l'Hôtel-Dieu, l'autre à Croisset. Ensuite, il y a les trois perroquets vivants, deux à Trouville et un à Venise; plus la perruche malade d'Antibes. Comme source possible de Loulou, je crois que nous pouvons éliminer la mère d'une « hideuse » famille anglaise que Gustave a rencontrée sur le bateau d'Alexandrie au Caire : « La maman semblait un vieux perroquet malade (à cause de son auvent vert ajouté à sa capote). »

Caroline, dans ses *Souvenirs intimes*, remarque que « Félicité et son perroquet ont vécu », et nous dirige vers le premier perroquet de Trouville, celui du capitaine Barbey, comme étant le véritable ancêtre de Loulou. Mais ceci ne répond pas à la question la plus importante : comment et quand un simple (et même magnifique) oiseau vivant dans les années 1830 se transforma-t-il en un perroquet complexe et transcendant des années 1870? Nous ne le saurons sans doute jamais; mais nous pouvons suggérer un moment à partir duquel la transformation a pu commencer.

La seconde partie inachevée de *Bouvard et Pécuchet* devait se composer principalement de « La copie », un énorme dossier de bizarreries, de stupidités et de citations se condamnant elles-mêmes, que les deux commis devaient recopier solennellement pour leur édification et que Flaubert reproduisait avec une intention plus sarcastique. Parmi les milliers de coupures de presse qu'il réunit pour les inclures dans le dossier, il y a l'histoire suivante, découpée dans *L'Opinion nationale* du 20 juin 1863 : « Un habitant de Gérouville, près d'Arlon, possédait un superbe perroquet, son seul amour. Une passion malheureuse de sa jeunesse l'avait poussé à la misanthropie; il vivait seul avec l'oiseau, à qui il avait appris le nom de sa bien-aimée, et qui le répétait cent fois par jour; c'était son seul talent, mais celui-là, aux yeux du pauvre Henri K. valait tous les autres. Chaque fois que le nom sacré était prononcé par cette voix étrange, Henri avait un tressaillement, c'était comme une voix d'outre-tombe, mystérieuse et surhumaine. Petit à petit, l'imagination enflammée par la solitude, le perroquet prit dans l'esprit d'Henri K. une singulière importance. C'était pour lui comme une espèce d'oiseau sacré, qu'il ne touchait qu'avec respect, et devant lequel il restait pendant des heures entières en contemplation. Alors le perroquet, le regardant de son œil immobile, murmurait le mot cabalistique, et devant l'âme d'Henri passait le bonheur passé. Cette vie étrange dura plusieurs années. Un jour, cependant on vit Henri K. plus sombre qu'à l'ordinaire; il avait maigri considérablement et dans ses yeux passaient des lueurs fauves : le perroquet était mort.

« Henri K. resta seul, complètement seul, sans lien avec le monde extérieur. Il se concentra de plus en plus en lui-même; quelques fois, pendant plusieurs jours il ne sortait pas de sa chambre, dévorant les aliments qu'on lui apportait, mais ne faisant attention à personne. Petit à petit, il en vint à croire que lui-même était changé en perroquet; il poussait le cri chéri, en cherchant à imiter le cri du défunt; il voulait imiter les allures de l'oiseau, sauter sur des bâtons; il étendait les bras comme pour battre des ailes.

« Parfois, il avait des accès de fureur et brisait les meubles; et sa famille se décida à l'envoyer à la maison de santé de Gheel. Mais durant le trajet, il s'évada la nuit, et le matin on le trouva grimpé sur un arbre. Grand embarras pour le reprendre, lorsque l'on eut l'idée de porter au pied de l'arbre une vaste cage à perroquet. A cette vue, le malheureux monomane descend de son arbre, on le saisit, et il est en ce moment à Gheel. »

Nous savons que cette histoire frappa Flaubert. Après : « le perroquet prit dans l'esprit d'Henri K. une singulière importance », il fit l'annotation suivante : « Changer l'animal, mettre un chien au lieu d'un perroquet. » Un plan pour une œuvre future, sans aucun doute. Mais quand, finalement, il écrivit l'histoire de Loulou et de Félicité, ce fut le perroquet qui resta à sa place et le propriétaire qui fut changé.

Avant *Un cœur simple*, des perroquets traversent rapidement son œuvre et ses lettres. Expliquant à Louise l'attrait des pays étrangers (11 décembre 1846), Gustave écrit : « Enfants, nous désirons vivre dans le pays des perroquets et des dattes confites. » Consolant une Louise triste et découragée (27 mars 1853), il lui rappelle que nous sommes tous des oiseaux en cage : « Or nous sommes tous plus ou moins aigles ou serins, perroquets ou vautours. » Niant qu'il soit vain, dans une lettre à Louise (9 décembre 1852) il distingue entre l'orgueil et la vanité : « L'Orgueil est une bête féroce qui vit dans les cavernes et dans les déserts. La Vanité au contraire, comme un perroquet, saute de branche en branche et bavarde en pleine lumière. » Décrivant à Louise la lutte héroïque pour le style que représente *Madame Bovary*, il explique : « Que de fois je suis tombé à plat ventre, au moment où il me semblait le toucher! Je sens pourtant que je ne dois pas mourir sans avoir fait rugir quelque part un style comme je l'entends dans ma tête et qui pourra bien dominer la voix des perroquets et des cigales. »

Dans *Salammbô,* comme je l'ai déjà mentionné, les interprètes carthaginois avaient un perroquet tatoué sur la poitrine (un détail peut-être plus habile qu'authentique?); dans le même roman, certains barbares ont « des parasols à la main [et] des perroquets sur l'épaule »; et, dans le mobilier de Salammbô, « il y avait au milieu de la terrasse un petit lit d'ivoire, couvert de peaux de lynx, avec des coussins en plume de perroquet, animal fatidique consacré aux dieux ».

Il n'y a pas de perroquets dans *Madame Bovary* ou dans *Bouvard et Pécuchet*; pas d'entrée pour Perroquet dans *Le Dictionnaire des idées reçues;* et seulement deux mentions brèves dans *La Tentation de saint Antoine.* Dans *Saint Julien* peu d'espèces animales échappent au massacre au cours de la première chasse de Julien – des coqs de bruyère ont les pattes fauchées et des grues qui volaient très bas sont assommées d'un coup de fouet – mais les perroquets restent absents et indemnes. Cependant, lors de la deuxième chasse, quand l'habileté de Julien disparaît, quand les animaux deviennent insaisissables et menaçants pour ceux qui observent leur poursuivant maladroit, le perroquet fait une apparition : « Çà et là parurent entre les branches quantité de larges étincelles, comme si le firmament eût fait pleuvoir dans la forêt toutes ses étoiles. C'étaient des yeux d'animaux, des chats sauvages, des écureuils, des hiboux, des perroquets, des singes. »

Et n'oublions pas le perroquet absent. Dans *L'Éducation sentimentale*, Frédéric erre dans un quartier de Paris dévasté par l'insurrection de 1848. Il passe des « barricades en ruine », il voit « des flaques noires qui devraient être du sang »; dans certaines maisons, « des jalousies tenant par un clou pendaient comme des haillons ». Ici et là, au milieu du chaos, « des choses délicates s'y étaient conservées quelquefois ». Frédéric regarde par une fenêtre. Il voit une pendule, des gravures – et « un bâton de perroquet ».

La façon dont nous errons dans le passé n'est pas très différente. Perdus, craintifs, désorientés, nous suivons les signes qui ont survécu; nous lisons le nom des rues mais nous ne pouvons savoir avec certitude où nous nous trouvons. Autour de nous, il n'y a que des épaves diverses. Ces gens ne s'arrêtaient jamais de se battre. Puis nous voyons une maison; peut-être la maison d'un écrivain. Il y a une plaque sur la façade. « Gustave Flaubert, écrivain français, 1821-1880, a vécu ici de... » Mais les lettres rétrécissent de façon grotesque comme sur le tableau d'un opticien. Nous nous approchons. Nous regardons par une fenêtre. Oui, c'est vrai; malgré le carnage, des choses délicates s'y sont conservées. Une pendule fait toujours tic-tac. Sur le mur, des gravures nous rappellent qu'ici, autrefois, on appréciait l'art. L'œil aperçoit un bâton de perroquet. Nous cherchons le perroquet. Où est le perroquet? Nous entendons encore sa voix; mais tout ce que nous pouvons voir c'est un perchoir en bois, vide. L'oiseau s'est envolé.

LES CHIENS

1. *Le chien romantique.* C'était un grand terre-neuve, qui appartenait à Elisa Schlesinger. Si nous croyons Du Camp, il s'appelait Néron; si nous croyons les Goncourt, il s'appelait Thabor. Gustave rencontra Mme Schlesinger à Trouville; il avait quatorze ans et demi, elle vingt-six. Elle était belle, son mari était riche; elle portait un immense chapeau de paille et, à travers sa robe de mousseline, on pouvait distinguer ses épaules bien faites. Néron, ou Thabor, l'accompagnait partout. Gustave les suivait souvent à distance respectueuse. Une fois, dans les dunes, elle ouvrit sa robe et donna à téter à son bébé. Il était perdu, impuissant, torturé, déchu. Par la suite, il maintiendra toujours que le bref été de 1836 lui avait cautérisé le cœur. (Nous sommes évidemment libres de ne pas le croire. Qu'en disent les Goncourt? « Flaubert a toujours un peu de cette vanité-là, ce qui fait qu'avec une nature franche, il n'y a jamais une parfaite sincérité dans ce qu'il dit sentir, souffrir, aimer. ») Et à qui parla-t-il en premier de cette passion? Ses camarades d'école? Sa mère? Mme Schlesinger elle-même? Non : il en parla à

Néron (ou Thabor). Il emmenait le terre-neuve en promenade sur la plage de Trouville et dans la douceur secrète d'une dune il tombait à genoux et mettait ses bras autour du chien. Puis il l'embrassait là où il savait que les lèvres de sa maîtresse s'étaient posées peu de temps avant (le lieu du baiser reste sujet de débat; certains disent sur le museau et d'autres au sommet de la tête); il murmurait à l'oreille poilue de Néron (ou Thabor) les secrets qu'il désirait murmurer à l'oreille qui se trouvait entre la robe de mousseline et le chapeau de paille; et il éclatait en sanglots.

Le souvenir de Mme Schlesinger ainsi que sa présence ont poursuivi Flaubert pendant le reste de sa vie. On ne sait pas ce qu'est devenu le chien.

2. *Le chien pratique.* A mon avis, on n'a pas suffisamment étudié les animaux familiers de Croisset. Ils mènent une brève existence, parfois on leur donne un nom, parfois aucun; nous savons rarement quand ou comment on les a acquis et quand ou comment ils sont morts. Rassemblons-les :

En 1840, la sœur de Gustave, Caroline, a une chèvre appelée Souvit.

En 1840, la famille a une chienne terre-neuve noire appelée Néo (ce nom influença peut-être le souvenir que Du Camp gardait du terre-neuve de Mme Schlesinger).

En 1853, Gustave dîne seul à Croisset avec un chien sans nom.

En 1854, Gustave dîne avec un chien appelé Dakno; sans doute le même animal qu'au-dessus.

En 1856-1857, sa nièce Caroline a un lapin.

En 1856, il expose sur un gazon un crocodile embaumé qu'il a rapporté d'Orient : il lui permet de revoir « le soleil pour la première fois peut-être depuis trois mille ans ».

En 1858, un lapin de garenne se réfugie dans le jardin; Gustave interdit qu'on le tue.

En 1866, Gustave dîne seul avec un bocal de poissons rouges.

En 1869, le chien (pas de nom, pas de race) est tué par du poison qu'on a mis pour les rats.

En 1872, Gustave achète Julio, un lévrier.

Note : Pour compléter la liste des créatures domestiques connues auxquelles Gustave a servi d'hôte, nous devons noter qu'en octobre 1848 il a subi une invasion de morpions.

De tous les animaux familiers cités ci-dessus, le seul à propos duquel nous ayons des informations précises est Julio. En avril 1872, Mme Flaubert mourut; Gustave resta seul dans la grande maison, prenant ses repas à la grande table, « en tête à tête avec moi-même ». En septembre, son ami Edmond Laporte lui offrit un lévrier. Flaubert hésita, ayant peur de la rage, mais accepta finalement. Il baptisa le chien Julio (en l'honneur de Juliet Herbert? – si vous voulez) et s'y attacha très vite. A la fin du mois, il écrivait à sa nièce que « ma seule distraction (trente-six ans après avoir mis les bras autour du terre-neuve de Mme Schlesinger) est d'embrasser mon pauvre chien... Son calme et sa beauté vous rendent jaloux ».

Le lévrier devint son dernier compagnon à Croisset. Un couple invraisemblable : le romancier costaud et sédentaire et le chien svelte et rapide. La vie privée de Julio commença à apparaître dans la correspondance de Flaubert : il annonça que « Julio s'est uni morganatiquement à une jeune personne » du voisinage. Le chien et son maître tombèrent même malades ensemble : au printemps de 1879, Flaubert eut des rhumatismes et un pied enflé, tandis que Julio avait une maladie canine non précisée. « C'est exactement comme une personne, écrivait Gustave, il a de petits gestes d'une humanité profonde. » Tous deux guérirent et passèrent l'année tant bien que mal. L'hiver 1879-1880 fut exceptionnellement froid.

La gouvernante de Flaubert fit à Julio un manteau dans un vieux pantalon. Ils passèrent l'hiver ensemble. Flaubert mourut au printemps.

On ne sait pas ce qu'est devenu le chien.

3. *Le chien emblématique.* Mme Bovary a un chien, que lui a donné un garde-chasse, guéri par son mari d'une « fluxion de poitrine ». C'est une petite levrette d'Italie. (En anglais : *a small Italian greyhound bitch.* Mot à mot : « une petite chienne lévrier italienne [1].) Nabokov qui est extrêmement exigeant avec les traducteurs de Flaubert traduit levrette par « whippet ». Qu'il soit zoologiquement correct ou non, il n'en perd pas moins le sexe de l'animal qui me semble important. Cela donne au chien une signification temporaire comme... moins qu'un symbole, pas exactement une métaphore; disons un emblème. On donne la levrette à Emma alors qu'elle et Charles habitent encore à Tostes : l'époque des premiers mouvements rudimentaires d'insatisfaction en elle; l'époque de l'ennui et du mécontentement, mais pas encore celle de la dépravation. « Elle la prenait pour se promener » et, pendant un demi-paragraphe, l'animal devient tactiquement, brièvement, un peu plus qu'un simple chien. « Sa pensée, sans but d'abord, vagabondait au hasard, comme sa levrette, qui faisait des cercles dans la campagne, jappait après les papillons jaunes, donnait la chasse aux musaraignes en mordillant les coquelicots sur le bord d'une pièce de blé. Puis ses idées peu à peu se fixaient et, assise sur le gazon, qu'elle fouillait à petits coups avec le bout de son ombrelle, Emma se demandait : “ Pourquoi, mon Dieu, me suis-je mariée? ” »

C'est la première apparition du chien, une délicate introduction; par la suite, Emma lui tient la tête et

1. En anglais, les animaux étant neutres, il est nécessaire d'ajouter *bitch* (« chienne ») pour indiquer le féminin. D'où le commentaire qui suit. (*N.d.T.)*

l'embrasse (comme Gustave avait fait avec Néron/Thabor) : le chien a une expession mélancolique, et elle lui parle « comme à quelqu'un d'affligé que l'on console ». En d'autres termes (et dans les deux sens) elle se parle à elle-même. La seconde apparition du chien est aussi la dernière. Charles et Emma quittent Tostes pour Yonville – un voyage qui marque le passage d'Emma, des rêves et de l'imagination, à la réalité et à la dépravation. On doit noter le voyageur qui est dans la même voiture qu'eux : M. Lheureux, au nom ironique, le marchand de nouveautés, usurier à ses heures qui finalement prend Emma au piège (la corruption financière marque sa chute autant que sa dépravation sexuelle). Au cours du voyage, « la levrette de Madame Bovary s'était enfuie à travers champs. On l'avait sifflée un grand quart d'heure » et on avait abandonné. M. Lheureux essaie de « consoler Emma par quantité d'exemples de chiens perdus, reconnaissant leur maître au bout de longues années », malgré d'importantes distances. « On en citait un, disait-il, qui était revenu de Constantinople à Paris. » On ne sait pas quelle est la réaction d'Emma en entendant ces histoires.

On ne sait pas non plus ce qu'est devenu le chien.

4. *Le chien noyé et le chien fantastique.* En janvier 1851, Flaubert et Du Camp étaient en Grèce. Ils visitèrent Marathon, Eleusis et Salamine. Ils rencontrèrent le général Morandi, un soldat de fortune qui avait combattu à Missolonghi et qui rejeta devant eux avec indignation les calomnies de l'aristocratie britannique qui disait que Byron s'était moralement dégradé quand il était en Grèce : « Il était magnifique, leur dit le général. Il ressemblait à Achille. » Du Camp raconte comment ils visitèrent les Thermopyles et comment ils relurent la bataille dans Plutarque. Le 20 janvier, ils se dirigeaient vers Eleuthère – les deux amis, un drogman et un policier armé qu'ils avaient engagé comme garde – quand le

temps se couvrit. Il plut beaucoup; la plaine qu'ils traversaient fut inondée; le terrier écossais du policier fut brusquement emporté par un torrent et se noya. A la pluie succéda la neige. Les nuages cachaient les étoiles; leur solitude était complète.

Une heure passa, puis une autre, « la neige s'attachait à nos vêtements en plaques épaisses »; ils s'égarèrent. Le policier tira quelques coups de pistolet en l'air, mais il n'y eut aucune réponse; trempés, gelés, ils envisageaient la perspective d'une nuit en selle dans un terrain hostile. Le policier était affligé par la mort de son chien, et le drogman – un type énorme avec de « gros yeux saillants, montés sur pédoncules, comme ceux des langoustes – ne nous avait été bon à rien pendant notre expédition, pas même à préparer les repas ». Ils avançaient à cheval avec précaution, « sondant l'horizon des yeux et n'apercevant aucune lumière », quand le policier cria : « Halte! » Un chien aboyait quelque part, très loin. Ce fut alors que le drogman « dénonça subitement une faculté exceptionnelle : il aboyait comme un bouledogue ». Il se mit donc à aboyer avec une force extraordinaire. Quand il s'arrêta, ils écoutèrent et entendirent des aboiements qui lui répondaient. Le drogman hurla à nouveau. Ils reprirent leur marche lentement, en s'arrêtant à chaque instant pour aboyer et attendre qu'on leur réponde, puis ils repartaient. Pendant plus d'une heure, « ils marchèrent ainsi aboyant et aboyés », et finirent par trouver un abri pour la nuit.

On ne sait pas ce qu'est devenu le drogman.

Note : Est-il honnête d'ajouter que le journal de Gustave donne une version différente de l'histoire? Il est d'accord sur le temps; sur la date; sur le fait que le drogman était incapable de faire la cuisine (toujours de l'agneau bouilli et des œufs durs, si bien qu'il dînait de pain sec). Cependant, étrangement, il ne mentionne pas la lecture de Plutarque sur le champ de bataille. Le chien du policier (dont la race n'est pas précisée dans la version de Flaubert) n'a pas été emporté par un torrent; il s'est seulement noyé dans un trou d'eau. Quant au drogman aboyeur, Gustave note simplement que, lorsqu'ils ont entendu le chien du village au loin, il a donné l'ordre au policier de tirer des coups de pistolet en l'air. Le chien a répondu en aboyant; le policier a tiré de nouveau; et, par ce moyen plus ordinaire, ils ont avancé vers l'abri.

On ne sait pas ce qu'est devenue la vérité.

5

Clac!

Dans la partie la plus intellectuelle des classes moyennes anglaises, chaque fois qu'une coïncidence apparaît, il y a en général quelqu'un prêt à faire ce commentaire : « C'est exactement comme de l'Anthony Powell [1]. » Souvent, la coïncidence se révèle sans intérêt quand on y regarde de plus près : le cas typique, ce sont deux amis d'école ou d'université qui se rencontrent par hasard après plusieurs années. Mais on invoque le nom de Powell pour légitimer l'événement; c'est un peu comme de faire venir un prêtre pour bénir sa voiture.

Je n'aime pas du tout les coïncidences. C'est un peu comme les histoires de revenants; pendant un instant vous vous rendez compte à quoi cela doit ressembler de vivre dans un univers que Dieu dirige et organise, dans lequel Il vous surveille par-dessus votre épaule en laissant entrevoir, par des signes grossiers, un plan cosmique. Je préfère ressentir que les choses sont chaotiques, indépendantes, folles de façon permanente ou temporaire – ressentir la certitude de l'ignorance humaine, sa brutalité, sa déraison. « Quoi qu'il advient, on restera stupide », écrit Flaubert quand éclate la guerre de 1870. Simple

1. Anthony Powell (né en 1905). Romancier anglais. Dans son œuvre, la plus importante, *A Dance to the Music of Time* en 12 volumes, les coïncidences jouent un rôle important dans la structure même du roman. (*N.d.T.*)

vantardise pessimiste? Ou arasement nécessaire de l'espérance avant de pouvoir penser, faire ou écrire quelque chose convenablement?

Je n'aime même pas les coïncidences anodines ou comiques. Une fois, j'ai assisté à un dîner, et j'ai découvert que les sept autres personnes présentes venaient juste de terminer la lecture de *A Dance to the Music of Time.* Cela ne m'a pas particulièrement intéressé : et pas seulement parce que je n'ai pas ouvert la bouche avant le fromage.

Quant aux coïncidences dans les livres, c'est quelque chose de facile et de sentimental; il ne sert à rien d'en faire de l'esthétique de pacotille. Ce troubadour qui passe au bon moment pour sauver la jeune fille; le bienfaiteur soudain mais pratique à la Dickens; le naufrage impeccable sur un rivage étranger qui réunit les frères et les sœurs ou les amants. Une fois, j'ai dénigré ce procédé facile devant un poète, un homme sans doute très habile pour les coïncidences des rimes. « Peut-être, m'a-t-il répondu d'un ton hautain et génial, avez-vous un esprit trop prosaïque? »

« Sans doute, ai-je pensé, plutôt content de moi-même, qu'un esprit prosaïque est le meilleur juge pour la prose? »

Si j'étais dictateur de fiction, j'interdirais les coïncidences. Bon, peut-être pas tout à fait. Les coïncidences seraient autorisées dans le picaresque; c'est à ce genre qu'elles appartiennent. Allez-y, prenez des exemples : que le pilote, dont le parachute ne s'est pas ouvert, atterrisse sur une meule de foin, que le pauvre vertueux avec un pied gangrené découvre le trésor enfoui... c'est très bien, cela n'a pas vraiment d'importance...

Évidemment, une des façons de légitimer les coïncidences c'est de les appeler des ironies. C'est ce que font les gens chic. Après tout, l'ironie n'est qu'une mode moderne, un compagnon de boisson pour l'esprit. Qui pourrait être contre? Et, parfois, je me demande si l'ironie qui a le plus d'esprit n'est pas simplement une coïncidence bien propre et bien élevée.

Je ne sais pas ce que Flaubert pensait des coïncidences. J'avais espéré trouver une entrée caractéristique dans son *Dictionnaire des idées reçues*, à l'ironie impitoyable; mais il saute, de façon sarcastique, de *cognac * à coït **. Pourtant son amour de l'ironie est évident; c'est une de ses caractéristiques les plus modernes. En Egypte, il est ravi de découvrir qu'*almée* (« le mot *almée* veut dire *savante*, bas bleu) » a graduellement perdu son sens original et a fini par signifier « putain ».

L'ironie s'accroche-t-elle à l'ironiste? Flaubert le pensait sans aucun doute. Les fêtes pour le centenaire de la mort de Voltaire, en 1878, furent « montées et organisées par Menier, chocolatier! L'ironie ne le quitte pas, ce pauvre grand homme ». Elle n'a pas cessé non plus de harceler Gustave. Quand il écrit : « j'attire les fous et les animaux », il aurait peut-être pu ajouter : « et l'ironie ».

Prenez son roman *Madame Bovary*. Il a été poursuivi pour obscénité par Ernest Pinard, le même avocat impérial qui s'est rendu tristement célèbre pour avoir poursuivi *Les Fleurs du mal*. Quelques années après l'acquittement de *Madame Bovary*, on a découvert que Pinard était l'auteur anonyme d'un recueil de vers obscènes. Cela amusa beaucoup le romancier.

Puis prenons le livre lui-même. Les deux choses les plus mémorables sont la promenade adultère d'Emma dans le fiacre aux stores baissés (un passage que les bien-pensants trouvèrent particulièrement scandaleux) et la toute dernière ligne du roman : « Il vient de recevoir la croix d'honneur », ce qui confirme l'apothéose bourgeoise du pharmacien Homais. L'idée du fiacre aux stores baissés semble avoir été inspirée à Flaubert par sa propre conduite excentrique quand il voulait à tout prix éviter de rencontrer Louise Colet. Afin de ne pas être reconnu, il avait l'habitude de se déplacer en fiacre clos. Ainsi, il put conserver sa chasteté par le même stratagème qu'il emploierait plus tard pour faciliter l'abandon de son héroïne au plaisir sexuel.

Avec *la croix d'honneur* de Homais, c'est l'inverse : la

vie imite l'art et fait de l'ironie. Dix ans à peine après que fut écrite cette dernière ligne de *Madame Bovary*, Flaubert, l'antibourgeois par excellence, celui qui exècre les gouvernements, accepte d'être fait *chevalier de la Légion d'honneur* *. Par conséquent, la dernière ligne de sa vie répète comme le ferait un perroquet la dernière ligne de son chef-d'œuvre : à ses obsèques, un groupe de soldats se présenta pour tirer une salve devant le cercueil, l'adieu traditionnel de l'État à l'un de ses *chevaliers* les plus improbables et les plus sarcastiques.

Et, si vous n'aimez pas ces exemples d'ironie, j'en ai d'autres.

1. L'AUBE SUR LES PYRAMIDES

En décembre 1849, Flaubert et Du Camp grimpent sur la Grande Pyramide de Chéops. Ils avaient passé la nuit à côté et s'étaient levés à cinq heures du matin pour être sûrs d'atteindre le sommet au lever du soleil. Gustave s'est lavé le visage dans un seau de toile; un chacal piaulait; il a fumé une pipe. Puis, avec deux Arabes qui le tiraient et deux qui le poussaient, il a gravi lentement, comme un paquet, les hautes pierres de la pyramide jusqu'au sommet. Du Camp – le premier homme à photographier le sphinx – était déjà là. Devant eux « la vallée du Nil baignée dans le brouillard semblait une mer blanche, et le désert derrière avec ses monticules de sable, comme un autre océan d'un violet sombre, dont chaque vague eût été pétrifiée ». Enfin, une bande de lumière rouge apparut à l'est; et, lentement, la mer blanche devant eux devint une immense étendue verte et fertile, tandis que l'océan d'un violet pourpre se teintait d'un blanc miroitant. Le soleil levant éclaira les pierres du sommet de la pyramide et Flaubert aperçut à ses pieds « une feuille de papier blanc collée avec des épingles ». Dessus, il était écrit : « Humbert, Frotteur » avec une adresse à Rouen.

Quel moment d'ironie parfaitement organisée. Un moment moderniste également : c'est le genre d'échange dans lequel le quotidien vient fausser le sublime, que nous aimons imaginer comme caractéristique de notre époque ricanante et qu'on ne peut mystifier. Nous remercions Flaubert de l'avoir relevé; dans un sens, l'ironie n'existait pas jusqu'à ce qu'il la remarque. D'autres visiteurs n'auraient vu dans cette carte qu'un vulgaire bout de papier – il aurait pu rester là pendant des années, avec ses épingles rouillant lentement; mais Flaubert lui a donné une fonction.

Et, si nous avons envie de faire des interprétations, nous pouvons étudier plus en détail ce bref événement. N'est-ce pas une coïncidence historique notable que le plus grand romancier du XIXe siècle ait rencontré sur les pyramides un des personnages de fiction les plus célèbres du XXe siècle? Que Flaubert, encore humide d'avoir « enfilé son gamin » dans les bains du Caire, tombe sur le nom du séducteur de la jeune Américaine mineure de Nabokov? En outre, quelle est la profession de cette version simplifiée de Humbert Humbert? Il est « frotteur [1] ». Mais le mot désigne aussi une sorte de déviant sexuel qui aime se frotter à la foule.

Et ce n'est pas tout. Voyons maintenant l'ironie de l'ironie. Il apparaît dans les notes de voyage de Flaubert, que la carte commerciale n'avait pas été mise là par M. Frotteur en personne, mais par l'agile et prévenant Maxime Du Camp; il avait filé dans la nuit pourpre et avait laissé cette petite souricière pour y prendre la sensibilité de son ami. L'équilibre de notre réponse change quand on sait que Flaubert marche lourdement et qu'il est tout à fait prévisible. Du Camp devient l'esprit, le dandy, celui qui taquine le modernisme avant que le modernisme ne se fût déclaré.

1. Frotteur de planchers. « Il y a en effet, en 1849, à Rouen, un Humbert " scieur de bois, frotteur ", au numéro 20 de la rue Porte-aux-Rats. » Cité par Jean Bruneau in Gustave FLAUBERT, *Correspondance*, tome I, page 1067, Bibliothèque de la Pléiade. (*N.d.T.*)

Mais nous lisons encore. Si nous en revenons à la correspondance de Flaubert, nous le retrouvons quelques jours après l'incident, en train de raconter à sa mère la *sublime surprise* * de la découverte. « Et quand je songe que je l'avais emportée *exprès* de Croisset et que ce n'est pas moi qui l'y ai mise! Ce gredin avait profité de mon oubli et au fond de mon gibus avait surpris la bienheureuse pancarte. » Ainsi, plus étrange encore : quand Flaubert est parti de chez lui, il préparait déjà les effets spéciaux qui plus tard apparaîtraient comme caractéristiques de sa façon de voir le monde. L'ironie se développe; la réalité recule. Et pourquoi emporta-t-il un gibus aux pyramides?

2. QU'EMPORTERIEZ-VOUS SUR UNE ÎLE DÉSERTE?

Gustave repensait souvent à ses vacances d'été à Trouville – passées entre le perroquet du capitaine Barbey et le chien de Mme Schlesinger – comme aux années les plus tranquilles de sa vie. Quand il y repense à vingt-cinq ans, il écrit à Louise Colet : « Les plus grands événements de ma vie ont été quelques pensées, des lectures, certains couchers de soleil à Trouville au bord de la mer, et des causeries de cinq ou six heures consécutives avec un ami [Alfred Le Poittevin] qui est maintenant marié et perdu pour moi. »

A Trouville, il rencontra Gertrude et Harriet Collier, les filles d'un attaché militaire britannique. Il semble que toutes les deux soient tombées amoureuses de lui. Harriet lui donna son portrait qu'on accrocha au-dessus de la cheminée à Croisset; mais c'est Gertrude qu'il aimait le plus. On peut deviner les sentiments qu'elle éprouvait pour lui dans un texte qu'elle écrivit des années plus tard, après la mort de Gustave. En prenant le style de la fiction romantique et en se servant de noms d'emprunt, elle s'écrie : « Je l'aimais passionnément, je l'adorais. Les années sont passées, mais je n'ai plus jamais ressenti l'amour, le culte et aussi la peur qui prirent alors possession de mon âme. Quelque chose me disait que je ne serais jamais à lui... Mais je savais, au plus profond de mon cœur, combien je pouvais l'aimer, l'honorer et lui obéir. »

La riche mémoire de Gertrude peut être chimérique : après tout, qu'y a-t-il de plus attirant sur le plan sentimental qu'un génie mort et des vacances de jeunesse au bord de la mer? Mais sa mémoire ne l'était peut-être pas. Au long des années, Gustave et Gertrude restèrent en contact. Il lui envoya un exemplaire de *Madame Bovary* (elle le remercia, déclara le roman « hideux » et elle cite Philip James Bailey [1], auteur de *Festus*, qui insiste sur le devoir des écrivains de faire la morale à leur lecteur); et, quarante ans après la première rencontre à Trouville, elle vint lui rendre visite à Croisset. Le beau jeune homme blond d'autrefois est maintenant chauve, avec le visage rouge, et il ne lui reste plus que deux dents. Mais sa galanterie est toujours en bonne santé. « Ma vieille amie, ma jeunesse », lui écrivit-il par la suite. « Pendant les longues années que j'ai vécues sans savoir ce que vous étiez devenue, il n'est peut-être pas *un* jour que je n'ai songé à vous. C'est comme ça. »

Pendant ces longues années (en 1847, pour être précis, un an après que Flaubert eut rappelé à Louise Colet ses couchers de soleil à Trouville) Gertrude avait promis d'aimer, d'honorer quelqu'un d'autre et de lui obéir : un économiste anglais du nom de Charles Tennant. Alors que Flaubert atteignait une renommée européenne comme romancier, Gertrude publiait elle-même un livre : une édition du journal de son grand-père intitulé *La France à la veille de la Révolution*. Elle mourut en 1918, à l'âge de quatre-vingt-dix-neuf ans; et elle avait une fille, Dorothy, qui épousa l'explorateur Henry Morton Stanley.

1. Philip James Bailey (1816-1902), poète anglais. Son œuvre principale, *Festus* s'inspire du *Faust* de Goethe. (*N.d.T.*)

Au cours d'un de ses voyages en Afrique, Stanley eut des problèmes. L'explorateur fut obligé d'abandonner graduellement tout ce qui ne lui était pas nécessaire. En un sens, c'était le contraire d'une version vécue du jeu : « Qu'emporteriez-vous sur une île déserte [1]? » Au lieu de s'équiper de choses qui rendent supportable la vie sous les tropiques, Stanley était obligé de se débarrasser des choses afin de survivre. Les livres étaient manifestement superflus et il commença à les jeter jusqu'à ce qu'il arrive aux deux livres que garde tout participant au jeu : « Qu'emporteriez-vous sur une île déserte? », comme minimum de civilisation : La Bible et Shakespeare. Le troisième livre de Stanley, celui qu'il jeta avant d'en être réduit au strict minimum, était *Salammbô*.

3. LES CERCUEILS CLAQUENT

Le ton fatigué et valétudinaire de la lettre de Flaubert à Louise Colet sur les couchers de soleil n'était pas affecté. 1846, c'est l'année où son père et sa sœur Caroline sont morts. Il écrit : « Quelle maison! Quel enfer! » Toute la nuit, Gustave veille le corps de sa sœur. Elle est couchée dans sa robe de noce, il est assis et lit Montaigne.

Le matin de l'enterrement, il lui donne « un long et dernier baiser d'adieu dans son cercueil ». Pour la seconde fois en trois mois il entend « l'ignoble bruit des souliers ferrés des croque-morts qui descendent l'escalier ». La douleur était à peine possible ce jour-là : des choses pratiques sont intervenues. Il fallut couper une mèche de cheveux de Caroline et prendre l'empreinte de ses mains et de son visage. « J'ai vu les grosses pattes de ces rustres la manier et la recouvrir de plâtre. » Les rustres sont nécessaires dans les enterrements.

Le chemin qui conduisait au cimetière lui était familier. Au bord de la tombe, le mari de Caroline s'effondra. Gustave regarda le cercueil qu'on descendait. « La fosse

1. Référence à un jeu radiophonique célèbre en Angleterre. (*N.d.T.*)

était trop étroite, le cercueil n'a pas pu y entrer. On l'a secoué, tiré, tourné de toutes les façons, on a pris un louchet, des leviers et enfin un fossoyeur a marché dessus (c'était la place de la tête) pour le faire entrer. »

Gustave a fait faire un buste d'après ce moulage; il a trôné dans son cabinet de travail pendant toute sa vie, jusqu'à sa mort, dans la même maison, en 1880. Maupassant aida à la toilette du mort. La nièce de Flaubert demanda qu'on prenne l'empreinte traditionnelle de la main de l'écrivain. Ce fut impossible : le poing était trop serré dans une crise ultime.

Le cortège s'ébranla, tout d'abord pour l'église de Canteleu, puis vers le Cimetière monumental, où une haie de soldats tira une salve comme un commentaire grotesque sur la dernière ligne de *Madame Bovary*. On prononça quelques mots et on descendit le cercueil. Il s'est coincé. On avait bien prévu la largeur, mais les fossoyeurs avaient lésiné sur la longueur. Des fils de rustres se débattirent en vain avec le cercueil; ils ne purent ni l'enfoncer ni le ressortir. Après un premier embarras, ceux qui assistaient aux obsèques s'en allèrent lentement, en laissant Flaubert coincé de travers dans le sol.

Les Normands sont célèbres pour leur avarice et leurs fossoyeurs ne font sans doute pas exception; peut-être s'irritent-ils de chaque coup de bêche superflu, et peut-être ont-ils maintenu cette irritation comme une tradition professionnelle de 1846 à 1880. Nabokov avait peut-être lu la correspondance de Flaubert avant d'écrire *Lolita*. Peut-être que l'admiration de Stanley pour le roman africain de Flaubert n'est pas étonnante. Peut-être que ce que nous considérons comme une coïncidence brutale, une ironie doucereuse ou un modernisme courageux et prémonitoire semblait tout à fait différent à l'époque. Flaubert emporta la carte de M. Humbert de Rouen jusqu'aux pyramides. Était-ce pour rire de sa propre sensibilité; une plaisanterie sur la surface sablonneuse et impossible à polir du désert; ou était-ce simplement pour se moquer de nous?

6

Les yeux d'Emma Bovary

Permettez-moi de vous dire pourquoi je hais les critiques. Pas pour les raisons habituelles : que ce sont des créateurs ratés (généralement, ils ne le sont pas; ils peuvent être des critiques ratés, mais c'est une autre histoire); ou que, par nature, ils sont chicaniers, jaloux et vains (généralement, ils ne le sont pas; il est peut-être possible de les accuser de faire preuve d'une trop grande générosité envers les œuvres mineures, de les surévaluer afin que leurs propres jugements n'en aient que plus de valeur). Non, la raison pour laquelle je hais les critiques – enfin, parfois –, c'est qu'ils écrivent des phrases comme celle-ci : « Flaubert ne construit pas ses personnages, comme le faisait Balzac, par des descriptions objectives et extérieures; en fait, il néglige tellement leur apparence qu'une fois il donne à Emma des yeux bruns (14); une autre fois des yeux d'un noir profond (15); et une autre encore des yeux bleus (16). »

Cette accusation précise et décourageante a été rédigée par feu le Dr Enid Starkie, professeur de littérature française à l'université d'Oxford et la plus grande biographe anglaise de Flaubert. Les numéros de son texte se réfèrent aux notes de bas de page dans lesquelles elle fustige le romancier du haut de son autorité.

Une fois, j'ai entendu une conférence du Dr Starkie et je suis heureux de dire qu'elle a un accent français atroce;

une de ces prononciations pleines de confiance enfantine et sans aucune oreille, qui hésitait entre une exactitude prosaïque et l'erreur grotesque, souvent à l'intérieur du même mot. Évidemment, cela ne remettait absolument pas en cause sa compétence d'enseigner à l'université d'Oxford, parce qu'à une date très récente cette université a préféré traiter les langues vivantes comme des langues mortes : cela les rendait plus respectables, plus semblables aux perfections lointaines du latin et du grec. Malgré tout, cela m'a frappé que quelqu'un qui vivait de la littérature française fût, de façon aussi désastreuse, incapable de reproduire les sons des mots de base de la langue, alors que ses sujets, ses héros (ceux qui la payaient, également, pourrait-on dire) les prononçaient en premier.

Vous pouvez penser que c'est là une vengeance médiocre contre une critique décédée, simplement parce qu'elle a fait remarquer que Flaubert n'avait pas une notion très sûre des yeux d'Emma Bovary. Mais je ne suis pas d'accord avec le précepte *de mortuis nil nisi vonum* (je parle comme un docteur, après tout); et il est dur d'ignorer l'irritation que vous cause une critique qui vous montre quelque chose comme ça. On n'est pas irrité à cause du Dr Starkie, pas au début – comme on dit, elle n'a fait que son travail – mais à cause de Flaubert. Ainsi ce génie appliqué ne pouvait pas laisser les yeux de son plus célèbre personnage de la même couleur? *Ha!* Puis, incapable de rester fâché avec lui plus longtemps, on reporte son mécontentement sur la critique.

Je dois avouer que, toutes les fois où j'ai lu *Madame Bovary,* je n'ai jamais remarqué les yeux arc-en-ciel de l'héroïne. L'aurais-je dû? Et vous? Étais-je trop occupé à remarquer des choses que le Dr Starkie ne voyait pas (bien que je sois incapable de savoir ce que cela pourrait être)? Dit autrement : existe-t-il quelque part un lecteur parfait, un lecteur total? Est-ce que la lecture que le Dr Starkie fait de *Madame Bovary* contient toutes les réponses que j'ai quand je lis le roman, et bien plus encore, ce qui rend ma lecture sans objet? J'espère bien que non. Ma lecture peut être dépouvue d'intérêt en ce qui concerne l'histoire de la critique littéraire; mais elle n'est pas dépourvue d'intérêt en termes de plaisir. Je ne peux prouver que les lecteurs profanes apprécient plus les livres que les critiques professionnels; mais je peux vous dire un avantage que nous avons sur eux; nous pouvons oublier. Le Dr Starkie et ceux de sa sorte sont affligés d'une mémoire : ils ne peuvent effacer de leur esprit les livres qu'ils enseignent et sur lesquels ils écrivent. Ils deviennent de la même famille. C'est peut-être pourquoi certains critiques finissent par adopter un ton légèrement paternaliste envers leurs sujets. Ils se comportent comme si Flaubert, Milton ou Wordsworth étaient quelque vieille tante ennuyeuse dans son fauteuil, qui sent le renfermé, qui ne s'intéresse qu'au passé et qui n'a rien dit de nouveau depuis des années. Bien sûr, elle est chez elle et tous ceux qui y vivent ne paient pas de loyer; mais, même ainsi, eh bien, vous savez, il est sûrement... *temps.*

Alors que le lecteur commun mais passionné a le droit d'oublier; il peut s'en aller, faire des infidélités avec d'autres écrivains, revenir et être à nouveau séduit. La vie de famille ne vient jamais gêner la relation; elle peut être sporadique mais, quand elle existe, elle est intense. Il n'y a rien de ces rancunes quotidiennes qui naissent quand les gens vivent bovinement ensemble. Je n'ai jamais été fatigué de rappeler à Flaubert d'étendre le tapis de bain ou de se servir de la balayette des cabinets. Ce dont le Dr Starkie ne peut s'empêcher. J'ai envie de crier, les écrivains ne sont pas *parfaits;* pas plus que les femmes et les maris. La seule règle infaillible, c'est que, s'ils en ont l'air, ils ne peuvent pas l'être. Je n'ai jamais pensé que ma femme était parfaite. Je l'aimais, mais je ne me suis jamais leurré. Je me souviens... mais je vous raconterai cela une autre fois.

Je vais plutôt vous parler d'une autre conférence à laquelle j'ai assisté il y a quelques années, au festival de littérature de Cheltenham. Elle était donnée par un professeur de Cambridge, Christopher Ricks, et ce fut très brillant. Son crâne chauve était brillant; ses chaussures noires étaient brillantes et sa conférence était très brillante. Le thème en était : les fautes en littérature et leur importance. Par exemple, Evtouchenko a fait une énorme bourde dans un de ses poèmes sur le rossignol américain. Pouchkine s'est complètement trompé sur le genre de tenue militaire qui se portait dans les bals. John Wain [1] a fait une erreur à propos du pilote d'Hiroshima. Nabokov a fait une erreur – celle-ci plutôt surprenante – sur la prononciation du prénom Lolita. Il y avait d'autres exemples : Coleridge, Yeats et Browning, surpris dans l'incapacité de distinguer entre une vessie et une lanterne.

Deux exemples m'ont particulièrement frappé. Le premier ce fut une découverte remarquable à propos de *Sa Majesté des mouches.* Dans la scène célèbre où l'on utilise les lunettes de Piggy pour redécouvrir le feu, William Golding fait une erreur d'optique. Piggy est myope; et il est impossible de se servir des verres qu'on aurait dû lui prescrire pour allumer du feu. De quelque façon qu'on les tienne, ils sont tout à fait incapables de faire converger les rayons du soleil.

Le deuxième exemple concerne *La Charge de la brigade légère* : « Dans la vallée de la mort/S'avançaient les six cents. » Tennyson écrivit le poème très vite après avoir lu un compte rendu du *Times,* dans lequel il y avait la phrase : « Quelqu'un avait fait une bévue. » Il se servit aussi d'un rapport précédent qui parlait de « six cent sept sabres ». Cependant, par la suite, on a rectifié le nombre de ceux qui avaient pris part à ce que Camille Rousset appela *ce terrible et sanglant steeple-chase* * en le portant à six cent soixante-treize. « Dans la vallée de la mort/s'avançaient les six cent soixante treize »? Ce n'est pas assez pour le rythme. On aurait peut-être pu arrondir à sept cents – un nombre toujours incorrect, mais un peu

1. John Wain (né en 1925). Poète et romancier anglais. *(N.d.T.)*

plus précis. Tennyson étudia le problème et décida de laisser le poème comme il l'avait écrit : « Je pense que, sur le plan de la métrique, six cents est beaucoup mieux que sept cents [1]. »

Ne pas mettre « six cent soixante-treize » ou « sept cents » ou « environ sept cents » au lieu de « six cents » me semble à peine une faute. D'un autre côté, l'hésitation de Golding en optique doit être définitivement considérée comme une erreur. La question suivante est : cela est-il important? Si je me souviens bien de sa conférence, le Pr Ricks disait que, si on ne peut pas être sûr des faits en littérature, alors des éléments comme l'ironie et l'imagination n'en deviennent que plus difficiles à utiliser. Si on ne sait pas ce qui est vrai ou ce qui se présente comme étant vrai, alors la valeur de ce qui n'est pas vrai ou qui se présente comme n'étant pas vrai est diminuée. Cela me semble un argument très solide; cependant je me demande à combien de cas d'erreurs littéraires il peut vraiment s'appliquer. Pour ce qui est des lunettes de Piggy je pense : *a*) très peu de gens à part les oculistes, les opticiens et les professeurs d'anglais à lunettes les remarqueront; *b*) quand ils les remarqueront, ils feront éclater l'erreur – comme une petite bombe explose de façon contrôlée. Qui plus est, cette détonation (qui a lieu sur une plage lointaine avec un chien comme seul témoin) ne met pas le feu à d'autres parties du roman.

Des erreurs comme celle de Goldin sont des « erreurs extérieures » – des différences entre ce que le livre prétend et ce que nous savons qu'est la réalité; elles indiquent souvent un manque de connaissances techniques de la part de l'écrivain. Le péché est pardonnable. Cependant, qu'en est-il des « erreurs internes », quand l'écrivain affirme deux choses incompatibles à l'intérieur de sa propre création? Les yeux d'Emma sont bruns, les

1. En anglais le rythme est différent : *six hundred* et *seven hundred.* *(N.d.T.)*

yeux d'Emma sont bleus. Hélas, on ne peut attribuer cela qu'à l'incompétence, à des habitudes littéraires négligées. L'autre jour, j'ai lu un premier roman très apprécié dans lequel le narrateur – qui est à la fois novice sur le plan sexuel et amateur de littérature française – répète tout seul la meilleure façon d'embrasser une fille sans être repoussé : « Avec une force lente, sensuelle et irrésistible, attirez-la lentement vers vous en la regardant au fond des yeux comme si on venait de vous donner un exemplaire de la première édition censurée de *Madame Bovary.* » Le roman, comme je pensais que tout le monde le savait, a d'abord été publié en feuilleton dans *La Revue de Paris*; puis il y a eu les poursuites pour obscénité; et ce n'est qu'après l'acquittement que l'œuvre a été publiée en volume. J'espère que le jeune romancier (il serait injuste de donner son nom) pensait à la « première édition censurée » des *Fleurs du mal.* Il rectifiera lors de la seconde édition de son livre, s'il y en a une.

Yeux bruns, yeux bleus. Cela est-il important? Non pas : est-il important que l'auteur se contredise? Mais leur couleur est-elle importante? Je suis désolé pour les romanciers quand ils doivent mentionner la couleur des yeux des femmes : il n'y a pas beaucoup de choix et, quelle que soit la couleur décidée, on risque la banalité. Ses yeux sont bleus : innocence et honnêteté. Ses yeux sont noirs : passion et profondeur. Ses yeux sont verts : violence et jalousie. Ses yeux sont bruns : sûreté et sens commun. Ses yeux sont violets : le roman est de Raymond Chandler. Comment éviter tout cela sans la musette d'une parenthèse sur le caractère de la dame? Ses yeux sont de la couleur de la boue; ses yeux changeaient de teinte en fonction des verres de contact qu'elle portait; il ne l'avait jamais regardée dans les yeux. Faites votre choix. Les yeux de ma femme étaient bleu-vert, ce qui fait que son histoire est longue. Et je soupçonne que, dans les moments de candeur de l'écrivain, il admet sans doute l'inutilité de la description des yeux. Il imagine lentement le caractère, il donne une forme à son héroïne et – sans doute en dernier – il met deux yeux de verre dans les orbites vides. Des yeux? Oh oui, il vaut mieux qu'elle ait des yeux, se dit-il, avec une courtoisie lasse.

Quand ils font leur enquête sur la littérature, Bouvard et Pécuchet perdent tout respect pour un écrivain qui fait une erreur. Je suis plus surpris par le peu d'erreurs que font les écrivains. Ainsi l'évêque de Liège meurt quinze ans avant son heure : est-ce que cela enlève toute valeur à *Quentin Durward*? C'est une faute insignifiante, quelque chose qu'on jette aux critiques. Je vois le romancier à l'arrière d'un ferry qui traverse la Manche et qui lance les morceaux de couenne de son sandwich aux mouettes qui planent.

J'étais trop loin pour voir de quelle couleur étaient les yeux d'Enid Starkie; tout ce dont je me souviens, c'est qu'elle était habillée comme un matelot, qu'elle marchait comme un demi de mêlée et qu'elle parlait le français avec un accent horrible. Le professeur de littérature française à l'université d'Oxford, et le membre honoraire de Somerville College, qui était très connu « pour ses études sur la vie et l'œuvre d'écrivains comme Baudelaire, Rimbaud, Gautier, Eliot et Gide » (je cite la jaquette de son livre; première édition, évidemment), qui avait consacré deux gros volumes et plusieurs années de sa vie à l'auteur de *Madame Bovary*, a choisi comme frontispice de son premier volume un portrait de « Gustave Flaubert par un peintre inconnu ». C'est la première chose que l'on voit; c'est, si l'on veut, le moment où le Dr Starkie nous présente à Flaubert. L'ennui c'est que ce n'est pas lui. C'est un portrait de Louis Bouilhet, comme tout le monde, depuis la *gardienne** de Croisset, vous le dira; ainsi que fait-on quand on a fini de rire?

Peut-être pensez-vous encore que je me venge d'une savante morte qui ne peut plus répondre. Oui, c'est possible. Mais *quis custodiet ipsos custodes?* Et je vais vous dire quelque chose d'autre. Je viens de relire *Madame Bovary*. « Une fois, il donne à Emma des yeux bruns (14); une autre fois des yeux d'un noir profond

(15); et une autre fois encore des yeux bleus (16). »

Et la morale c'est : n'ayez jamais peur d'une note en bas de page. Voici les six passages dans lesquels Flaubert fait référence aux yeux d'Emma au cours du livre. C'est à l'évidence quelque chose d'important pour le romancier :

1. (Première apparition d'Emma) : « Ce qu'elle avait de beau, c'étaient les yeux : quoiqu'ils fussent bruns, ils semblaient noirs à cause des cils... »

2. (Décrits par son mari qui l'adore au début de leur mariage) : « Vus de si près, ses yeux lui paraissaient agrandis, surtout quand elle ouvrait plusieurs fois de suite ses paupières en s'éveillant; noirs à l'ombre et bleu foncé au grand jour, ils avaient comme des couches de couleurs successives et qui, plus épaisses dans le fond, allaient en s'éclaircissant vers la surface de l'émail. »

3. (A la lueur des flambeaux au bal) : « Ses yeux noirs semblaient plus noirs. »

4. (Première rencontre avec Léon) : « ... en fixant sur lui ses grands yeux noirs tout ouverts. »

5. (A l'intérieur, comme elle apparaît à Rodolphe quand il l'observe pour la première fois) : « Les yeux noirs. »

6. (Emma, à l'intérieur, se regardant dans un miroir, le soir; elle vient d'être séduite par Rodolphe) : « Jamais elle n'avait eu les yeux si grands, si noirs, ni d'une telle profondeur. »

Comment disait la critique? « Flaubert ne construit pas ses personnages comme le faisait Balzac, par des descriptions objectives et extérieures; en fait, il néglige tellement leur apparence... » Il serait intéressant de comparer le temps passé par Flaubert à s'assurer que son héroïne avait les yeux rares et difficiles d'une femme adultère, avec le temps passé par le Dr Starkie pour le mettre ainsi négligemment à découvert.

Encore une chose, pour être absolument sûr. La première source essentielle pour connaître Flaubert, ce sont les *Souvenirs littéraires* de Maxime Du Camp (Hachette,

Paris, 1882-1883, 2 volumes) : bavards, vains, justificateurs et peu sûrs, mais cependant essentiels sur le plan historique. A la page 306 du premier volume (Remington & Co, London, 1893, pas de nom de traducteur), Du Camp décrit très en détail la femme qui servit de modèle à Mme Bovary. C'était, nous dit-il, la seconde femme d'un officier de santé établi à Bonsecours près de Rouen.

« C'était une petite femme sans beauté, dont les cheveux d'un jaune terne encadraient un visage piollé de taches de rousseur. Prétentieuse, dédaignant son mari, qu'elle considérait comme un imbécile, ronde et blanche, avec des os minces qui n'apparaissaient pas, elle avait dans la démarche, dans l'habitude générale de son corps, des flexibilités et des ondulations de couleuvre ; sa voix, déshonorée par l'accent bas-normand, était plus que caressante, et dans ses yeux de couleur indécise et qui, selon les angles de la lumière, semblaient verts, gris ou bleus, il y avait une sorte de supplication perpétuelle. »

Le Dr Starkie semble avoir sereinement ignoré ce passage révélateur. Cela peut être une négligence magistrale envers un écrivain qui d'une façon ou d'une autre a dû lui payer plus d'une facture de gaz. Très simplement, cela me met hors de moi. Comprenez-vous maintenant pourquoi je hais les critiques ? Je pourrais essayer de vous décrire l'expression de mes yeux en ce moment ; mais ils sont trop décolorés par la fureur.

[illegible] Rouen.

[illegible]

Le [illegible]

7

La traversée de la Manche

Écoutez. *Rattarattarattaratta.* Et – chut – là-bas. *Fattafattafattafatta.* Et encore. *Rattarattarattarattaratta – fattafattafattafatta.* Une douce houle de novembre fait que les tables s'entrechoquent avec un bruit métallique. L'approche insistante d'une table tout près; une pause pendant laquelle une vibration inconnue traverse le bateau; puis une réponse plus douce venant de l'autre côté. Appel et réponse, appel et réponse; comme deux oiseaux mécaniques dans une cage. Écoutez le motif : *rattarattarattaratta fattafattafattafatta rattarattarattaratta fattafattafattafatta.* Cela dit : continuité, stabilité, confiance mutuelle. Pourtant un changement de vent ou de marée pourrait mettre fin à tout.

Les fenêtres incurvées de la poupe sont éclaboussées d'embruns; par l'une d'elles on peut apercevoir le treuil d'un cabestan et le macaroni avachi d'un cordage détrempé. Il y a longtemps que les mouettes nous ont abandonnés. Elles nous ont accompagnés de leurs cris en sortant de Newhaven, elles ont regardé le temps, remarqué l'absence de sandwiches sur la promenade arrière et ont fait demi-tour. Qui pourrait les blâmer? Elles auraient pu nous suivre pendant quatre heures jusqu'à Dieppe, dans l'espoir de se rattraper sur le chemin du retour; mais cela fait une journée de dix heures. Maintenant, elles doivent être en train de déterrer des vers sur un terrain de football humide à Rottingdean.

Sous la fenêtre, il y a une poubelle bilingue avec une faute d'orthographe. La première ligne dit *Papiers* * (comme le français est officiel : « Permis de conduire! Carte d'identité! », on dirait un ordre). En dessous, il y a la traduction anglaise, *Litters* [1]. Quelle différence peut faire une simple consonne. La première fois que Flaubert a vu son nom annoncé – comme l'auteur de *Madame Bovary* qu'on devait très bientôt publier en feuilleton dans *La Revue de Paris* – il était écrit Faubert. « Si un jour je parais ce sera armé de toutes pièces », s'était-il vanté; mais, même avec une armure complète, l'aisselle et l'aine ne sont jamais entièrement protégées. Comme il le fait remarquer à Louis Bouilhet la version de son nom dans *La Revue de Paris* est à une lettre près celle d'un épicier de la rue de Richelieu, « en face le Théâtre-Français ». « Je te laisse à faire le calembour) : *Madame Bovary* (mœurs de province), par Gustave *Faubet.* » « Je ne suis pas encore paru que l'on m'écorche. »

J'aime ces traversées hors saison. Quand on est jeune, on préfère les mois vulgaires, le moment où les saisons battent leur plein. En vieillissant, on apprend à aimer les époques intermédiaires, les mois qui n'arrivent pas à se décider. C'est peut-être une façon de reconnaître que les choses n'auront plus jamais la même certitude. Ou c'est peut-être une façon de reconnaître une préférence pour les ferry-boats vides.

Il n'y a pas plus d'une demi-douzaine de personnes dans le bar. Quelqu'un est allongé sur une banquette; le bruit des tables, qui le berce, lui tire son premier ronflement. A cette époque de l'année, il n'y a pas de voyages scolaires; les jeux vidéo, la discothèque et le cinéma sont silencieux; même le barman bavarde.

1. On aurait dû écrire sur la poubelle : *litter,* qui veut dire (sans marque de pluriel), en autres choses, papiers sales, immondices. (*N.d.T.)*

C'est la troisième fois que je fais le voyage en un an. Novembre, mars, novembre. Simplement pour deux nuits à Dieppe, bien que parfois je prenne ma voiture pour descendre à Rouen. Ce n'est pas long, mais c'est suffisant pour créer un changement; et c'est un vrai changement. Par exemple, la lumière sur la Manche est tout à fait différente du côté français : plus claire, plus volatile. Le ciel est un théâtre de possibilités. Je ne donne pas dans le romantisme. Allez dans les galeries sur la côte normande et vous verrez ce que les peintres locaux aiment peindre, encore et toujours : la vue vers le nord. Un morceau de plage, la mer et le ciel chargé. Les peintres anglais ne faisaient jamais la même chose; ils ne se rassemblaient pas à Hastings, à Margate ou à Eastbourne pour contempler un Channel monotone et maussade.

Je ne vais pas là-bas simplement pour la lumière. J'y vais pour ces choses qu'on oublie quand on ne les voit pas. La façon dont leurs bouchers préparent la viande. Le sérieux de leurs *pharmacies* *. Le comportement de leurs enfants au restaurant. Les panneaux de signalisation (la France est le seul pays que je connaisse où les conducteurs sont prévenus de la présence de betteraves sur les routes : *Betteraves* *, ai-je vu une fois, dans un triangle rouge, avec le dessin d'une voiture qui glissait). Des mairies Troisième République. Le vin qu'on goûte dans de petites caves de craie odorantes sur le côté de la route. Je pourrais continuer, mais cela suffit ou bientôt je parlerai des tilleuls, de la *pétanque* * et du pain trempé dans du vin rouge – ce qu'ils appellent la *soupe à perroquet* *. Chacun a sa propre liste et celles des autres apparaissent vite vaines et sentimentales. L'autre jour, j'ai lu une liste intitulée : « Ce que j'aime ». « La salade, la cannelle, le fromage, les piments, la pâte d'amandes, l'odeur du foin coupé (vous voulez poursuivre...), les roses, les pivoines, la lavande, le champagne, des positions légères en politique, Glenn Gould... » La liste, qui est de Roland Barthes, continue, comme font les listes. On est d'accord avec une chose, irrité par la suivante.

Après le « vin du Médoc », et « avoir la monnaie », Barthes approuve « Bouvard et Pécuchet ». D'accord, très bien; on continue. Qu'y a-t-il après? « Marcher en sandales, le soir sur les petites routes du Sud-Ouest. » C'est assez pour vous faire aller jusque dans le Sud-Ouest et répandre quelques betteraves sur les petites routes.

Ma liste mentionne les *pharmacies* *. En France, elles semblent n'avoir qu'un but. On n'y vend pas de ballons, de pellicules de couleur, d'équipement de plongée ou d'alarmes antivol. Les vendeurs ont l'air de savoir ce qu'ils font et n'essaient jamais de vous vendre des sucres d'orge à la sortie. Je me suis surpris à leur parler comme à des spécialistes.

Une fois, ma femme et moi, nous sommes allés dans une *pharmacie* * de Montauban pour acheter des pansements adhésifs. « C'est pour quoi? » nous ont-ils demandé. Ellen a montré son talon où la lanière d'une paire de sandales neuves avait fait une ampoule. Le *pharmacien* * est sorti de derrière son comptoir, il l'a fait s'asseoir, il a ôté sa sandale avec la tendresse d'un fétichiste amateur de pieds, il a examiné son talon, il l'a nettoyé avec un morceau de gaze, il s'est relevé, il s'est tourné vers moi, l'air grave, comme s'il y avait eu quelque chose que ma femme ne devait pas savoir, et il m'a expliqué lentement : « Monsieur, c'est une ampoule. » Tandis qu'il nous vendait une boîte de pansements, je me disais que l'esprit de Homais régnait toujours.

L'esprit de Homais : progrès, rationalisme, science, imposture. « Il faut marcher avec son siècle! » Telles sont presque ses premières paroles; et il marche jusqu'à la *Légion d'honneur* *. Quand Emma Bovary meurt, son corps est veillé par deux personnes : le prêtre et Homais, le *pharmacien* *. Ils représentent l'ancienne et la nouvelle orthodoxie. C'est comme une sculpture allégorique du XIXe siècle : la Religion et la Science veillant ensemble le Corps du Péché. D'après une peinture de G.F. Watts [1],

1. G.F. Watts (1807-1904). Peintre et sculpteur anglais, célèbre pour de grandes toiles à sujets allégoriques. *(N.d.T.)*

sauf que tous les deux, l'homme d'Église et l'homme de science, finissent par s'endormir. Au début, ils ne sont unis que par l'erreur philosophique, et bientôt ils atteignent l'unité plus profonde des ronfleurs.

Flaubert ne croyait pas au progrès; en particulier, pas au progrès moral, qui seul est important. L'époque à laquelle il vivait était stupide; l'âge nouveau, apporté par la guerre franco-prussienne, serait encore plus stupide. Bien sûr, un certain nombre de choses changeraient : l'esprit de Homais triomphait. Bientôt, toute personne ayant un pied bot aurait droit à une opération mal conçue qui entraînerait l'amputation de la jambe; mais qu'est-ce que cela signifiait? « Tout le rêve de la démocratie, a écrit Flaubert, est d'élever le prolétariat au niveau de bêtise du bourgeois. »

Ce genre de raisonnement énerve souvent les gens. N'est-ce pas parfaitement exact? Depuis cent ans, le prolétariat s'est instruit avec les mêmes prétentions que la bourgeoisie; tandis que la bourgeoisie, moins sûre de son pouvoir, est devenue plus rusée et plus trompeuse. Est-ce cela le progrès? Prenez les passagers d'un ferry-boat qui traverse la Manche si vous voulez voir une nef des fous moderne. Ils sont tous là : ils calculent le bénéfice réalisé sur les produits en hors taxe; ils boivent au bar plus de verres qu'ils ne le veulent; ils jouent aux machines à sous; ils tournent en rond sur le pont; ils se demandent s'ils seront honnêtes à la douane; ils attendent les ordres de l'équipage comme si la traversée de la mer Rouge en dépendait. Je ne critique pas, je me contente d'observer; et je ne sais pas ce que je penserais si tout le monde était aligné sur le bastingage pour admirer le jeu de la lumière sur l'eau et se mettait à parler de Boudin. Je ne suis pas différent : je fais mes provisions en franchise et j'attends les ordres comme les autres. Je veux dire simplement ceci : Flaubert avait raison.

L'énorme conducteur de camion, allongé sur la banquette, ronfle comme un pacha. Je suis allé me chercher un autre whisky; j'espère que ça ne vous dérange pas. Un petit remontant pour vous raconter... Quoi? à propos de qui? Trois histoires qui se disputent en moi. Une sur Flaubert, une sur Ellen, une sur moi. La mienne est la plus simple des trois – c'est juste un peu plus qu'une preuve convaincante de mon existence – et, cependant, je trouve que c'est la plus difficile à commencer. Celle de ma femme est plus compliquée et plus urgente; pourtant j'y résiste également. Je garde le meilleur pour la fin comme je le disais plus haut? Je ne le pense pas; c'est plutôt le contraire. Mais, quand je vous raconterai l'histoire d'Ellen, je veux que vous soyez préparés : c'est-à-dire que je veux que vous en ayez assez des livres, des perroquets, des lettres perdues, des ours et des opinions du Dr Enid Starkie, et même de celles de Geoffrey Braithwaite. Les livres ne sont pas la vie même si nous préférerions qu'ils le fussent. L'histoire d'Ellen est vraie; c'est peut-être même pourquoi à la place je vous raconte l'histoire de Flaubert.

Vous attendez aussi quelque chose de moi, n'est-ce pas? C'est comme ça de nos jours. Les gens pensent qu'ils possèdent une part de vous, et qu'importe s'ils vous connaissent peu; et, si vous êtes assez téméraire pour écrire un livre, cela met irrévocablement votre compte en banque, votre dossier médical et l'état de votre mariage dans le domaine public. Flaubert n'était pas d'accord. « L'artiste doit s'arranger de façon à faire croire à la postérité qu'il n'a pas vécu. » Pour ceux qui croient, la mort détruit le corps et libère l'esprit ; pour l'artiste, la mort détruit la personnalité et libère l'œuvre. En tout cas, c'est la théorie. Bien sûr, cela marche rarement. Regardez ce qui est arrivé à Flaubert : un siècle après sa mort, Sartre, comme un garde du corps costaud et désespéré, a passé dix ans à lui taper la poitrine et à lui souffler dans la bouche; dix ans à essayer de le ramener à la conscience, simplement pour pouvoir l'asseoir sur la plage et lui dire ce qu'il pensait exactement de lui.

Et qu'est-ce que les gens pensent de lui aujourd'hui? Comment pensent-ils à lui? Comme à un chauve avec une moustache qui tombe; à l'ermite de Croisset, l'homme qui a dit : « *Madame Bovary c'est moi* * »; comme à l'esthète incorrigible, le bourgeois bourgeoisophobe? Des bribes de sagesse, des résumés d'occasion pour ceux qui sont pressés. Flaubert aurait à peine été surpris par la paresse à comprendre. C'était un mouvement spontané dont il a tiré tout un livre (au moins un appendice) : *Le Dictionnaire des idées reçues.*

Au niveau le plus simple, son dictionnaire est un catalogue de clichés (« CHIEN : Spécialement créé pour sauver la vie de son maître. Le chien est l'idéal de l'ami de l'homme ») et de définitions sèches (« LANGOUSTE : Femelle du homard »). En plus, c'est un manuel de faux conseils, à la fois sociaux (« LUMIÈRE : Toujours dire *Fiat lux!* quand on allume une bougie ») et esthétique (« GARE DE CHEMIN DE FER : S'extasier devant elles et les donner comme modèles d'architecture »). Parfois le ton est rusé et moqueur, parfois si provocateur et si direct qu'on le croit à moitié (« MACARONI : Doit se servir avec les doigts quand il est à l'italienne »). Le *Dictionnaire* ressemble à un cadeau de communion offert par un oncle malicieux et roué à un adolescent réfléchi qui a l'ambition de réussir dans la société. Si vous l'étudiez avec soin vous ne ferez jamais d'erreur tout en ne disant jamais quelque chose de vrai (« HALLEBARDE : Quand on voit un nuage menaçant, ne pas manquer de dire : il va tomber des hallebardes. En Suisse, tous les hommes portent des hallebardes. » « ABSINTHE : Poison extra-violent : un verre et vous êtes mort. Les journalistes en boivent pendant qu'ils écrivent leurs articles. A tué plus de soldats que les Bédouins. »)

Le dictionnaire de Flaubert offre tout un cours sur l'ironie : d'entrée en entrée, on peut le voir appliquer différentes épaisseurs, comme un peintre qui peint la Manche et qui obscurcit le ciel avec une nouvelle couche. Je suis tenté d'écrire un dictionnaire des idées reçues sur Gustave lui-même. Un tout petit : un guide de poche attrape-nigauds; quelque chose de direct et cependant trompeur. La sagesse en pilules, dont quelques-unes sont empoisonnées. C'est ce qu'il y a d'attirant et de dangereux dans l'ironie : la façon qu'elle a de permettre à l'écrivain de faire semblant d'être absent de son œuvre, alors qu'il est présent de façon allusive. On peut avoir sa part du gâteau et la manger; le seul problème, c'est qu'on grossit.

Que pourrait-on dire de Flaubert dans ce nouveau dictionnaire? Nous pourrions le définir, peut-être, comme un « bourgeois individualiste »; oui, cela semble suffisant et malhonnête. C'est le genre de définition que n'entame pas le fait que Flaubert détestait la bourgeoisie. Et l'« individualiste », ou son équivalent? « Dans l'idéal que j'ai de l'art, je crois qu'on ne doit rien montrer des siennes et que l'artiste ne doit pas plus apparaître dans son œuvre que Dieu dans la nature. L'homme n'est rien, l'œuvre tout!... Il me serait bien agréable de dire ce que je pense et de soulager le sieur Gustave Flaubert par des phrases. Mais quelle est l'importance du dit sieur? »

Cette exigence de l'absence de l'auteur n'a fait que s'approfondir. Certains écrivains sont tout à fait d'accord avec le principe mais ils se glissent subrepticement par la porte de derrière et assomment le lecteur avec un style très personnel. Le meurtre est parfaitement exécuté sauf que la batte de base-ball qui est restée sur les lieux du crime est couverte d'empreintes digitales. Flaubert est différent. Il croyait au style; plus que personne. Il travaillait avec opiniâtreté pour la beauté, la sonorité, l'exactitude; la perfection – mais jamais la perfection signée d'un écrivain comme Wilde. Le style est fonction du thème. Ce style n'est pas imposé au sujet, mais il en sort. Le style est la vérité de la pensée. Le mot correct, la phrase vraie, l'expression parfaite sont toujours « là », quelque part; le travail de l'écrivain c'est de les localiser par n'importe quel moyen. Pour certains cela veut dire seulement aller au supermaché pour y remplir son panier; pour d'autres, cela signifie se perdre dans une plaine en Grèce, la nuit, sous la neige et la pluie, et ne trouver ce qu'ils cherchent que par une ruse quelconque, aboyer comme un chien, par exemple.

Dans notre siècle pragmatique et savant, nous trouvons sans doute ce genre d'ambition un peu provinciale (Tourgueniev disait bien que Flaubert était naïf). Nous ne croyons plus que le langage et la réalité « se correspondent » de façon conforme – en fait, nous pensons sans doute que les mots donnent naissance aux choses tout comme les choses donnent naissance aux mots. Mais, si nous trouvons que Flaubert est naïf – ou, mieux, qu'il a échoué –, nous ne devrions pas prendre un ton protecteur envers son sérieux et sa solitude audacieuse. C'était après tout le siècle de Balzac et de Hugo, avec au début un romantisme fleuri et à la fin un symbolisme abscons. L'invisibilité programmée de Flaubert dans un siècle de personnalités bavardes et de styles criards peut être définie de deux façons : classique ou moderne. Tournée vers le XVIIe siècle ou vers le XXe. Les critiques contemporains qui reclassent pompeusement tous les romans, les pièces et les poèmes en tant que textes – l'auteur à la guillotine! – ne devraient pas sauter légèrement pardessus Flaubert. Un siècle avant eux, il préparait des textes et niait la signification de sa propre personnalité.

« L'auteur dans son œuvre doit être comme Dieu dans l'univers, présent partout et visible nulle part. » Évidemment, on a mal interprété cette phrase dans notre siècle. Regardez Sartre et Camus. Dieu est mort, nous disent-ils, et par conséquent le romancier démiurge aussi. L'omniscience est impossible, la connaissance de l'homme est partiale, le roman doit donc être, lui aussi, partial. Ce raisonnement semble splendide et en même temps logique. L'est-il? Après tout, le roman n'est pas apparu en même temps que la croyance en Dieu; il n'existe pas non plus beaucoup de corrélations entre les romanciers qui croyaient le plus au narrateur omniscient et ceux qui croyaient le plus au créateur omniscient. Je cite George Eliot à côté de Flaubert.

Plus précisément, la divinité supposée du romancier du XIXe siècle n'était jamais qu'un moyen technique; et la partialité du romancier moderne n'est pas plus qu'une technique. Quand un narrateur contemporain hésite, prétend à l'incertitude, comprend mal, joue et tombe dans l'erreur, le lecteur en conclut-il que la réalité est rendue de façon plus authentique? Quand l'écrivain donne deux fins différentes à son roman (pourquoi deux? Pourquoi pas cent?), le lecteur pense-t-il sérieusement qu'on lui offre le « choix » et que l'œuvre rend compte des issues variables de la vie? Un tel « choix » n'est jamais réel parce que le lecteur est obligé de consommer les deux fins. Dans la vie, nous prenons une décision – ou une décision nous prend – et nous ne suivons qu'un chemin; si nous avions pris une décision différente (comme je l'ai dit une fois à ma femme; mais je ne pense pas qu'elle était en condition pour apprécier ma sagesse), nous aurions été ailleurs. Le roman avec deux fins ne reproduit pas cette réalité : il nous entraîne seulement sur deux chemins séparés. C'est une forme de cubisme, je pense. Et c'est très bien; mais ne nous laissons pas prendre au piège.

Après tout, si les romanciers voulaient vraiment simuler le delta des possibilités de la vie, voici ce qu'ils feraient. A la fin du livre, il y aurait plusieurs enveloppes cachetées de différentes couleurs. Sur chacune d'elles, il y aurait écrit : Fin traditionnelle heureuse; fin traditionnelle malheureuse; fin traditionnelle moitié moitié; *deus ex machina;* fin moderne arbitraire; fin de fin du monde; fin en feuilleton; fin en rêve; fin obscure; fin surréaliste; et ainsi de suite. On n'aurait le droit qu'à une seule enveloppe et il faudrait détruire celles qu'on n'aurait pas choisies. C'est *cela* que j'appelle offrir au lecteur le choix de la fin; mais vous allez me trouver stupidement prosaïque.

Quant au narrateur qui hésite – j'ai peur que vous veniez d'en rencontrer un. C'est peut-être parce que je suis anglais. Vous avez deviné que j'étais anglais, au moins? Je... Je... Regardez cette mouette là-haut. Je ne l'avais pas encore remarquée. Elle se laisse porter par le vent et attend les morceaux de couenne des sandwiches.

J'espère que vous ne trouverez pas cela grossier, mais je dois vraiment aller faire un tour sur le pont. Ça commence à sentir le renfermé dans le bar. Pourquoi ne pas nous retrouver sur le bateau du retour? Le ferry-boat de deux heures, jeudi? Je suis sûr que je préférerai. D'accord? Quoi? Non, vous ne pouvez pas venir sur le pont avec moi? Pour l'amour de Dieu. En outre, je vais d'abord aux toilettes. Je ne veux pas que vous me suiviez pour m'épier par le trou de la serrure.

Excusez-moi; ce n'est pas ce que je voulais dire. Deux heures, au bar, quand le ferry lève l'ancre? Oh, un dernier mot. Le fromager dans la Grande-Rue : n'oubliez pas. Je crois qu'il s'appelle Leroux. Je vous suggère de prendre un brillat-savarin. Vous n'en trouverez pas de bon en Angleterre, sauf si vous en rapportez un vous-même. On les conserve trop au froid ou on leur injecte des produits chimiques pour retarder l'affinage. C'est-à-dire, si vous aimez le fromage...

Comment appréhendons-nous le passé? Un passé étranger? Nous lisons, nous apprenons, nous demandons, nous nous souvenons, nous sommes humbles; et un détail fortuit change tout. Flaubert était un géant; ils le disent tous. Il dominait tout le monde comme un solide chef gaulois. Et pourtant il ne mesurait qu'un mètre quatre-vingts : nous le savons d'après lui-même. Grand, mais pas gigantesque; plus petit que moi, en fait, et quand je suis en France je ne domine jamais personne comme un chef gaulois.

Ainsi Gustave était un géant d'un mètre quatre-vingts et, en sachant cela, le monde se tasse un petit peu. Les géants n'étaient pas si grands (les nains étaient-ils donc plus petits?). Les gros : étaient-ils moins gros parce qu'ils étaient moins grands et alors ils avaient besoin de moins de ventre pour paraître gros? Ou étaient-ils plus gros parce qu'ils avaient le même ventre mais une charpente moins grande pour le porter? Comment pouvons-nous connaître des détails aussi insignifiants, aussi importants? Nous pouvons compulser des dossiers pendant des dizaines d'années, mais très souvent nous sommes tentés de lever les bras au ciel et de déclarer que l'histoire est simplement un genre littéraire : le passé est une fiction autobiographique qui se donne des airs de rapport parlementaire.

Je possède une petite aquarelle de Rouen, peinte par Arthur Frederick Payne (né à Newarke, Leicester, 1831, et qui a peint entre 1849 et 1884). C'est une vue de la ville depuis le cimetière de Bonsecours : les ponts, les flèches de la cathédrale, la courbe du fleuve au-delà de Croisset. Elle a été peinte le 4 mai 1856. Flaubert a achevé *Madame Bovary* le 30 avril 1856 : là, à Croisset, là où je peux poser le doigt, entre deux taches de couleur étalées et ignorantes. Si proche et cependant si lointain. Est-ce cela l'histoire – une aquarelle d'amateur, rapide et sûre?

Je ne suis pas certain de ce que je crois à propos du passé. Je veux seulement savoir si les gens gros étaient alors plus gros. Et les fous plus fous? « Il y avait à l'hospice général de Rouen un idiot que l'on appelait Mirabeau. » Il était célèbre parmi les médecins et les étudiants pour un talent particulier : « Pour un café, il enfilait les femmes mortes sur la table d'amphithéâtre. » (La tasse de café le rendait-il plus ou moins fou?) « Il est vrai que Mirabeau était faible et ne mérite pas tant d'honneur, continue Flaubert, car un jour il a calé bassement devant une femme guillotinée. » On lui a sans doute offert deux tasses de café, un sucre de plus, une goutte de cognac? (Ce besoin d'un visage, même mort, prouve-t-il qu'il était plus sain ou plus fou?)

Aujourd'hui, on nous dit de ne pas utiliser le mot *fou*. Quelle démence! Les quelques psychiatres que je respecte parlent toujours de gens qui deviennent fous. Employez les mots brefs, simples, vrais. Je dis, *mort* et *mourant*, *fou* et *adultère*. Je ne dis pas qu'il *n'est plus*, qu'il *s'est éteint*, ou que c'est le *terme du voyage* (où ça le terme de voyage?

A Saint-Pancras ou gare Saint-Lazare?); je ne dis pas *troubles caractériels*, *courir la ville*, *elle rend souvent visite à sa sœur*. Je dis *fou* et *adultère*, c'est comme ça. *Fou* a la sonorité qui convient. C'est un mot ordinaire, un mot qui nous dit comment peut survenir la démence comme un camion de livraison. Les choses terribles sont aussi ordinaires. Savez-vous ce qu'a dit Nabokov de l'adultère dans sa conférence sur *Madame Bovary*? Il a dit que c'était « la façon la plus conventionnelle de s'élever au-dessus du conventionnel ».

Toute histoire d'adultère fera invariablement référence à la séduction d'Emma dans le fiacre qui traverse la ville en courant. C'est sans doute l'infidélité la plus célèbre de toute la fiction du XIXe siècle. Il est très facile pour le lecteur d'imaginer une scène décrite avec tant de précision, allez-vous penser. C'est vrai. Mais c'est aussi facile de se tromper. Je cite G. M. Musgrave aquarelliste, voyageur, auteur de mémoires et curé de Borden, Kent : auteur du *Pasteur, Plume et Crayons, ou Souvenirs et illustrations d'un voyage à Paris, Tours et Rouen pendant l'été de 1847; avec quelques considérations sur l'agriculture française* (Richard Bentley, Londres, 1848) et *Promenade en Normandie, ou Scènes, personnages et incidents lors du voyage d'un aquarelliste dans le Calvados* (David Bogue, Londres, 1855). A la page 522 de cette dernière œuvre, le révérend Musgrave visite Rouen – qu'il appelle le « Manchester français » – à une époque où Flaubert est encore en train de peiner sur sa *Bovary*. Sa description comprend les remarques suivantes :

« Je parlais à l'instant des stations de fiacres. Les voitures qui s'y trouvent sont les véhicules les plus petits de leur genre en Europe. Je pouvais sans effort poser le bras sur le toit en étant debout à côté dans la rue. Elles sont très bien construites, bien tenues et propres avec deux bonnes lanternes; et elles filent dans les rues comme le carrosse de Tom Pouce. »

Et notre vision des choses change : la célèbre séduction a dû être encore plus à l'étroit et encore moins romantique que nous pouvions le croire jusqu'ici. Cette information est, autant que je sache, absente des nombreuses annotations qu'on a infligées au roman; et je l'offre ci-joint, en toute humilité, pour l'usage des savants professionnels.

Le grand, le gros, le fou. Puis il y a les couleurs. Quand il faisait des recherches pour *Madame Bovary*, Flaubert passa tout un après-midi « à regarder la campagne par des verres de couleur ». Aurait-il vu ce que nous voyons maintenant? Sans doute. Mais ceci : en 1853, à Trouville, il regarda le soleil se coucher sur la mer et déclara qu'il ressemblait à « un grand disque de confiture de groseille ». Une description vivante. Mais en Normandie, en 1853, la confiture de groseille était-elle de la même couleur que maintenant? (En resterait-il des pots pour que nous puissions vérifier? Et comment savoir que la couleur est restée la même tout au long des années?) C'est le genre de choses qui irritent. J'ai décidé d'écrire à une société d'épicerie. Contrairement à certains de mes autres correspondants, ceux-là m'ont répondu rapidement. Ils étaient rassurants : la confiture de groseille est une des confitures les plus pures, disaient-ils, et, bien qu'en 1853 un pot de Rouen pût ne pas être aussi clair qu'un pot moderne à cause de l'utilisation du sucre non raffiné, la couleur devait être à peu près la même. C'est au moins ça : maintenant nous pouvons continuer et imaginer le coucher de soleil avec confiance. Mais vous voyez ce que je veux dire? (Quant à mes autres questions : un pot de confiture pourrait effectivement avoir survécu jusqu'à aujourd'hui, mais il serait sans aucun doute devenu brun, sauf si on l'avait conservé dans une pièce sèche, aérée et totalement obscure.)

Le révérend Musgrave aimait les digressions mais savait observer. Il avait plus qu'un penchant pour l'emphase (« Je suis tenu de parler en termes hautement élogieux de la réputation littéraire de la ville de Rouen ») pourtant son souci du détail fait de lui un informateur utile. Il note l'amour des Français pour le poireau et leur extrême aversion pour la pluie. Il interroge tout le monde : un commerçant de Rouen qui le stupéfie pour ne pas connaître la sauce à la menthe et un chanoine d'Evreux qui l'informe qu'en France les hommes lisent trop, alors que les femmes ne lisent à peu près rien (ô encore plus rare Emma Bovary!) A Rouen, il visite le Cimetière monumental un an après l'enterrement du père et de la sœur de Gustave, et approuve sa politique innovatrice qui autorise les familles à acheter des emplacements à perpétuité. Ailleurs, il visite une fabrique d'engrais, la tapisserie de Bayeux, et l'asile de fous de Caen dans lequel le Beau Brummell était mort en 1840 (Brummell était-il fou? Les employés s'en souvenaient très bien : *un bon enfant* *, disaient-ils, qui ne buvait que de la tisane d'orge dans laquelle il mettait un tout petit peu de vin).

Musgrave est allé jusqu'à la foire de Guibray et là, parmi les monstres, il y avait le plus gros garçon de France : Aimable Jouvin, né à Herblay en 1840, âgé de quatorze ans, entrée un sou un quart. Quelle était la grosseur du garçon? Notre aquarelliste promeneur, hélas, n'est pas allé le voir pour dessiner le jeune phénomène; mais il a attendu pendant qu'un cavalier français qui avait payé son sou un quart pour entrer dans la baraque en soit ressorti en déclamant « une expression très normande ». Musgrave n'est pas allé jusqu'à demander au soldat ce qu'il avait vu, mais son impression a été qu'« Aimable n'était pas aussi gros que l'avait espéré le visiteur ».

A Caen, Musgrave a assisté à une régate et sept mille spectateurs étaient alignés sur les docks. La plupart étaient des hommes et pour le plus grand nombre des paysans qui portaient leur plus belle blouse bleue. L'effet d'ensemble était d'un bleu outremer léger mais plus brillant; Musgrave n'avait vu cette couleur qu'une fois auparavant, dans une section spéciale de la Banque d'Angleterre où l'on incinérait des billets de banque retirés de la circulation. On préparait le papier monnaie avec un colorant fait de cobalt, de silex, de sel et de potasse; quand on mettait le feu à une liasse, la cendre prenait la teinte extraordinaire que Musgrave vit à Caen sur les docks. La couleur de France.

Tandis qu'il continuait son voyage, cette couleur et les nuances proches et plus brutales devinrent plus apparentes. Les blouses et les bas des hommes étaient bleus, les robes des trois quarts des femmes étaient bleues. Les housses des chevaux et les décorations de leurs colliers étaient bleues; ainsi que les voitures, les panneaux qui indiquaient le nom des villages, le matériel agricole, les brouettes et les citernes pour recueillir les eaux de pluie. Dans beaucoup de villes, les maisons étaient d'un bleu céruléen, à la fois à l'extérieur et à l'intérieur. Musgrave se vit contraint de dire à un Français « qu'il y avait plus de *bleu* dans ce pays que dans n'importe quelle région du monde qu'il connaissait ».

Nous regardons le soleil à travers des verres fumés; nous devons regarder le passé à travers des verres de couleur.

Merci. *Santé**. J'espère que vous avez trouvé votre fromage? Vous voulez bien que je vous donne un conseil? Mangez-le. Ne le mettez pas dans un sac en plastique au frigo afin de le garder pour des visiteurs; avant que vous ayez compris ce qui se passe, il aura triplé de volume et sentira aussi mauvais qu'une usine de produits chimiques. Vous ouvrez le sac et vous mettez le nez dans un mauvais mariage.

« Donner au public des détails sur soi-même est une tentation de bourgeois à laquelle j'ai toujours résisté » (1879). Mais allons-y! vous connaissez mon nom, bien sûr : Geoffrey Braithwaite. N'oubliez pas le *l* ou vous me transformerez en épicier parisien. Non; c'est une plaisanterie. Vous connaissez ces annonces personnelles dans des magazines comme le *New Statesman*? J'ai pensé en rédiger une comme ça : « Soixante ans, médecin, veuf, enfants adultes, actif, gai bien qu'enclin à la mélancolie, doux, non fumeur, amateur de Flaubert, aime la lecture, la cuisine, les voyages dans des lieux connus, les vieux films, a des amis, mais recherche... »

Vous voyez le problème. *Mais recherche...* Est-ce que je recherche? Qu'est-ce que je recherche? Tendre divorcée ou veuve quarantaine pour relations vue mariage? Non. Dame mûre pour promenades à la campagne, dîners de temps en temps? Non. Couple bissexuel pour partie de plaisir à trois? Sûrement pas. Je lis toujours ces petites annonces au dos des magazines et pourtant je n'ai jamais envie d'y répondre; je viens seulement de comprendre pourquoi. Parce que je n'y crois pas. Elles ne mentent pas – en fait, elles essaient toutes d'être absolument sincères mais elles ne disent pas la vérité. Ce genre de rubrique déforme la façon dont ceux qui font paraître l'annonce se décrivent eux-mêmes. Personne ne se présenterait comme un non-fumeur actif qui a des penchants à la mélancolie si cela n'était encouragé et même exigé par la forme. Deux conclusions : premièrement, qu'on ne peut se définir soi-même directement, simplement en se regardant dans un miroir; deuxièmement, que Flaubert, comme toujours avait raison. Le style provient du sujet. Quels que soient leurs efforts, ceux qui rédigent les annonces sont toujours vaincus par la forme. Même au seul moment où ils ont besoin d'être eux-mêmes en toute sincérité, ils sont forcés d'épouser une impersonnalité dont ils ne veulent pas.

Vous pouvez au moins voir la couleur de mes yeux. Pas aussi compliquée que celle des yeux de Mme Bovary, n'est-ce pas? Mais cela vous aide-t-il? Ils peuvent induire en erreur. Je ne deviens pas modeste; j'essaie d'être *utile*. Connaissez-vous la couleur des yeux de Flaubert? Non, vous ne la connaissez pas : pour la bonne raison que je l'ai supprimée il y a quelques pages. Je ne voulais pas que vous soyez tenté par des conclusions bon marché. Vous voyez à quel point je prends soin de vous. Vous n'aimez pas ça? Je sais parfaitement que vous n'aimez pas ça; très bien.

D'après Maxime Du Camp, Gustave le chef gaulois, le géant d'un mètre quatre-vingts avec une voix de trompette, avait des « yeux énormes, couleur vert de mer ».

Je lisais Mauriac l'autre jour : les *Mémoires intérieurs*, écrit tout à la fin de sa vie. C'est l'époque à laquelle les grains de vanité s'accumulent pour faire un kyste, quand le moi lance son dernier murmure pathétique : « Souvenez-vous de moi, souvenez-vous de moi... »; c'est l'époque à laquelle on écrit les biographies, on fait les dernières vantardises et on couche par écrit avec une fausse idée de leur valeur les souvenirs dont plus personne ne se souvient.

Mais c'est exactement ce que Mauriac refuse de faire. Il écrit ses « Mémoires », mais ce ne sont pas ses mémoires. Il nous épargne les jeux et les compositions d'orthographe de l'enfance, la première servante dans un grenier humide, l'oncle malin avec des dents en or et la tête pleine d'histoires – et ainsi de suite. Au lieu de cela, Mauriac nous parle des livres qu'il lisait, des peintres qu'il aimait, des pièces qu'il voyait. Il se découvre en regardant les œuvres des autres. Il définit sa propre foi par une colère passionnée contre Gide le luciférien. Lire ses « Mémoires », c'est comme de rencontrer un homme dans un train qui dit : « Ne me regardez pas, c'est trompeur. Si vous voulez savoir à quoi je ressemble, attendez que nous soyons dans un tunnel et observez mon reflet sur la vitre. » On attend, on regarde et on aperçoit un visage devant un décor changeant de murs couverts de suie, de câbles et de briques. La forme transparente tremblote et saute, toujours à quelques mètres. On s'habitue à son existence, on bouge avec ses mouvements; et, bien qu'on sache que sa présence est conditionnelle, on la ressent comme permanente. Puis il y a un gémissement au-devant, un rugissement et une explosion de lumière; le visage a disparu pour toujours.

J'ai les yeux bruns; faites de cela ce que vous voulez. Un mètre quatre-vingt-deux; cheveux gris; je suis en bonne santé. Mais qu'est-ce qui est important en moi?

Seulement ce que je sais, ce que je crois, ce que je peux vous dire. Peu de choses comptent dans mon personnage. Non, ce n'est pas vrai. Je suis honnête, il vaut mieux que je vous le dise. J'ai l'intention de dire la vérité; bien que les erreurs soient, je pense, inévitables. Et si j'en fais, en tout cas, je suis en bonne compagnie. *The Times*, dans sa chronique nécrologique, le 10 mai 1880, prétend que Flaubert avait écrit un livre intitulé *Bouvard et Peluchet*, et que « dans un premier temps, il avait adopté la profession de son père – celle de chirurgien ». Mon *Encyclopaedia Britannica*, onzième édition (la meilleure, dit-on), suggère que Charles Bovary est un portrait du père du romancier. Il se trouve que l'auteur de l'article, signé E. G., a été un certain Edmund Gosse. J'ai un peu regimbé quand j'ai lu cela. Je m'intéresse moins à « M. » Gosse depuis ma rencontre avec Ed Winterton.

Je suis honnête, je suis sérieux. Quand j'étais médecin, je n'ai jamais tué aucun patient, ce qui est un sujet de gloire plus important que vous ne le pensez. Les gens me faisaient confiance. Ils revenaient, en tout cas. J'étais bon avec les agonisants. Je n'ai jamais bu – enfin, je n'ai jamais trop bu; je n'ai jamais rédigé d'ordonnances pour des patients imaginaires; je n'ai jamais fait d'avances à des femmes dans mon cabinet. J'ai l'air d'être un saint en plâtre. Je ne le suis pas.

Non, je n'ai pas tué ma femme. J'aurais dû me douter que vous alliez penser cela. Tout d'abord, vous avez découvert qu'elle était morte; puis, un peu plus tard, j'ai dit que je n'avais jamais tué aucun patient. Ah! ah! Qui avez-vous tué, alors? Il est évident que la question semble logique. Comme il est facile de se lancer dans des spéculations! Il y eut un homme, du nom de Ledoux, qui, par méchanceté, prétendit que Flaubert s'était suicidé; il a fait perdre du temps à beaucoup de gens. Je vous parlerai de lui plus tard. Mais tout cela apporte de l'eau à mon moulin : quelle connaissance est utile, quelle connaissance est vraie? Soit je dois vous donner suffisamment d'informations sur moi-même pour que vous soyez obligé d'admettre que je ne peux pas plus avoir tué ma femme que Flaubert n'a pu se suicider; soit je dis simplement : c'est tout, ça suffit. Rien de plus; *J'y suis, j'y reste* *.

Je pourrais peut-être jouer au jeu de Mauriac. Vous dire comment je me suis formé avec Wells, Huxley et Shaw; que je préfère George Eliot et même Thackeray à Dickens; que j'aime Orwell, Hardy et Housman, et que je n'aime pas la bande Auden-Spender-Isherwood (qui prêchent le socialisme comme une façon détournée de réformer la loi sur l'homosexualité); que je garde Virginia Woolf pour quand je serai mort. Les jeunes écrivains? Ceux d'aujourd'hui? Eh bien, chacun semble faire assez bien une chose mais ils n'arrivent pas à se rendre compte que la littérature dépend de la possibilité de faire bien plusieurs choses en même temps. Je ne veux pas trop m'étendre sur tous ces sujets; il me serait bien agréable de dire ce que je pense et de soulager le sieur Geoffrey Braithwaite par des phrases. Mais quelle est l'importance du dit sieur?

Je préfère jouer une autre version. Un Italien a écrit une fois que le critique veut secrètement tuer l'écrivain. Est-ce vrai? Jusqu'à un certain point. Nous haïssons tous les œufs d'or. Quand un bon romancier publie un nouveau roman, on peut entendre les critiques murmurer : encore ces saletés d'œufs d'or; est-ce qu'on n'a pas eu assez d'omelettes cette année?

Mais, en tout cas, beaucoup de critiques aimeraient être les dictateurs de la littérature, réglementer le passé et tracer avec une calme autorité la direction future de l'art. Ce mois-ci tout le monde doit écrire sur tel sujet; le mois prochain personne n'aura le droit d'écrire sur tel autre. Untel ne sera pas republié avant que nous l'ayons dit. Tous les exemplaires de ce roman mauvais et séduisant seront détruits. (Vous croyez que je plaisante? En mars 1983, le journal *Libération* exhorta le ministre français des Droits de la femme à mettre à l'index pour « provocation sexiste » les œuvres suivantes : *Pantagruel*, *Jude l'Obscur*, les poèmes de Baudelaire, tout Kafka, *Les Neiges du Kilimandjaro* – et *Madame Bovary*.) Pourtant, allons-y. Je commence.

1. Il n'y aura plus de romans dans lesquels un groupe de gens, isolés par les circonstances, retournent à la « condition naturelle » de l'homme, deviennent des créatures essentielles, pauvres et nues. Tout cela peut être écrit dans une nouvelle, la dernière du genre, le bouchon sur la bouteille. Je vais vous l'écrire. Un groupe de voyageurs fait naufrage, ou leur avion s'écrase, quelque part, sur une île déserte. L'un d'eux, un homme fort, puissant, détestable, a un fusil. Il oblige tous les autres à vivre dans une fosse qu'ils creusent dans le sable. De temps en temps, il fait sortir un de ses prisonniers, il le ou la tue, et mange le cadavre. La nourriture est bonne et il grossit. Quand il a tué et mangé son dernier prisonnier, il commence à se demander ce qu'il va faire pour trouver de la nourriture; mais heureusement un hydravion arrive à point et le sauve. Il dit au monde qu'il est le seul survivant du naufrage et qu'il s'est nourri de baies, de feuilles et de racines. Le monde admire sa parfaite condition physique et une affiche avec sa photo est exposée dans les vitrines des restaurants végétariens. Il n'est jamais découvert.

Vous voyez comme c'est facile à écrire, comme c'est drôle? C'est pour cela que j'interdirais le genre.

2. Il n'y aura plus de roman sur l'inceste. Non, même pas ceux de très mauvais goût.

3. Plus de romans qui se passent dans les abattoirs. Je l'admets, c'est un genre peu important actuellement; mais, récemment, j'ai remarqué une augmentation de l'emploi des abattoirs dans les nouvelles. Cela doit être étouffé dans l'œuf.

4. Il y aura une interdiction de vingt ans sur les romans qui se déroulent à Oxford ou à Cambridge, et de dix ans pour ceux qui se déroulent dans une autre université. Aucune interdiction sur les romans situés à Polytechnique (mais aucune subvention pour les encourager). Pas

d'interdiction sur les romans qui se passent dans les écoles primaires; dix ans pour ceux qui se passent dans les collèges et lycées. Interdiction partielle sur les romans d'adolescence (un roman autorisé par auteur). Interdiction partielle sur les romans écrits au présent historique (à nouveau, un par auteur). Interdiction totale sur les romans dans lesquels le personnage principal est un journaliste ou un présentateur de télévision.

5. On devra introduire un système de quotas pour les romans situés en Amérique du Sud. Le but est de limiter l'extension du baroque de voyage organisé et de l'ironie aux semelles de plomb. Ah! La réunion de la vie ordinaire et des principes dispendieux de la religion et du banditisme, de l'honneur étonnant et de la cruauté fortuite. Ah! L'oiseau daiquiri qui couve ses œufs sur son aile. Ah! L'arbre fredonna dont les racines poussent jusqu'au sommet des branches et dont les fibres aident le bossu à engrosser par télépathie la femme hautaine du propriétaire de l'hacienda. Ah! L'opéra recouvert par la jungle. Permettez-moi de taper sur la table et de murmurer : « Suffit! » Les romans situés dans l'Arctique et l'Antarctique recevront une aide.

6a. Aucune scène dans laquelle a lieu une relation charnelle entre un être humain et un animal. La femme et le marsouin, par exemple, dont le tendre accouplement symbolise un raccommodage du tissu très léger qui autrefois réunissait la création dans une camaraderie paisible. Non, rien de cela.

b. Aucune scène dans laquelle a lieu une relation charnelle entre un homme et une femme (comme le marsouin, si vous voulez) sous la douche. Mes raisons sont principalement esthétiques, mais aussi médicales.

7. Aucun roman sur des guerres limitées et par conséquent oubliées dans des régions éloignées de l'Empire britannique et au cours duquel, dans un développement laborieux, nous apprenons tout d'abord que les Britanniques sont normalement mauvais; deuxièmement que la guerre est vraiment une chose dégoûtante.

8. Aucun roman dans lequel le narrateur, ou un des personnages, n'est identifié que par des initiales. On continue à le faire!

9. Il n'y aura plus de romans sur d'autres romans. Pas de « versions modernes », de refontes, de suites ou de présuites. On ne terminera pas les œuvres laissées inachevées à la mort de l'auteur. On fournira à chaque écrivain un canevas de laines de couleur pour accrocher au-dessus de sa cheminée. Dessus, il sera écrit : « Faites vous-même votre canevas. »

10. Il y aura une interdiction de vingt ans sur Dieu; ou, plus exactement, sur les utilisations de Dieu sous forme d'allégorie, de métaphore, par allusion, en secret, de façon imprécise et ambiguë. Le jardinier barbu qui soigne un pommier; le capitaine de navire, vieux et sage, qui ne juge jamais de façon hâtive; le personnage qu'on ne vous présente pas mais qui vous donne la chair de poule au chapitre quatre... tous au magasin des accessoires, tous. Dieu n'est permis que comme une divinité vérifiable qui est extrêmement contrariée par les transgressions de l'homme.

Ainsi, comment appréhendons-nous le passé? Au fur et à mesure qu'il s'éloigne, devient-il plus net? Certains le pensent. Nous en savons plus, nous découvrons des documents supplémentaires, nous utilisons la lumière infrarouge pour déchiffrer les ratures dans les correspondances et nous sommes dégagés des préjugés de l'époque; aussi nous comprenons mieux. Est-ce vrai? Je me le demande. Prenez la vie sexuelle de Gustave. Pendant des années on a pensé que l'ours de Croisset ne quittait ses manières d'ours que pour Louise Colet – « la seule histoire sentimentale de quelque importance dans la vie de Flaubert », déclara Emile Faguet. Mais on découvrit Elisa Schlesinger – la chambre royale murée dans le cœur de Gustave, le feu qui se consume lentement, la passion adolescente jamais éteinte. Ensuite, on découvrit d'autres lettres et le journal d'Égypte. La vie commence à avoir une forte odeur d'actrices; la coucherie avec Bouilhet est annoncée; Flaubert lui-même avoue son goût pour les garçons de bains du Caire. Nous voyons enfin l'ensemble de sa sensualité; c'est un bisexuel doté d'une grande expérience.

Mais pas si vite. Sartre décrète que Flaubert n'a jamais été homosexuel; simplement passif et féminin au plan psychologique. L'aparté avec Bouilhet n'était que moquerie, la face extérieure d'une forte amitié masculine : Gustave n'a jamais commis un seul acte d'homosexualité de toute sa vie. Il dit qu'il l'a fait, mais ce n'est que vantardise et invention : Bouilhet lui demande des choses salaces du Caire, Flaubert lui en fournit. (Sommes-nous convaincus par ce raisonnement? Sartre accuse Flaubert de prendre ses désirs pour des réalités. Ne pouvons-nous pas accuser Sartre de la même chose? Ne préférerait-il pas un Flaubert bourgeois et tremblant, jouant au bord du péché qu'il a peur de commettre, plutôt qu'un Flaubert casse-cou, un subversif adonné à un vice?) Et, dans le même temps, nous sommes aussi amenés à changer la conception que nous avons de Mme Schlesinger. Parmi les flaubertistes, on pense en général que leur relation a fini par être consommée : soit en 1848, soit, plus probablement, au début de 1843.

Le passé est une côte lointaine qui s'éloigne et nous sommes tous sur le même bateau. A l'arrière, il y a une batterie de télescopes; chacun rapproche la côte jusqu'à une certaine distance. Si le bateau est à l'ancre, un des télescopes est continuellement utilisé; il semble dire la vérité entière et éternelle. Mais ce n'est qu'une illusion; et quand le bateau repart, nous reprenons notre activité normale : nous courons d'un télescope à l'autre, nous voyons la netteté disparaître dans l'un, nous attendons que le flou s'éclaircisse dans l'autre. Et quand le flou disparaît effectivement, nous imaginons que nous avons fait cela tout seuls.

La mer n'est-elle pas plus calme que l'autre jour? Et nous allons au nord – la lumière de Boudin. A quoi ressemble ce voyage pour ceux qui ne sont pas britanniques – alors qu'ils se dirigent vers la terre de l'embarras et du breakfast? Font-ils des plaisanteries inquiètes sur le *fog* et le porridge?

Flaubert trouvait Londres effrayant; il déclara que c'était une ville malsaine, où il était impossible de trouver un *pot-au-feu* *. D'un autre côté, la Grande-Bretagne était la patrie de Shakespeare, de la pensée claire et de la liberté politique, le pays qui avait accueilli Voltaire et où fuirait Zola.

Qu'est-ce aujourd'hui? Le premier taudis d'Europe, a dit un de nos poètes il n'y a pas longtemps. Le premier hypermarché conviendrait mieux. Voltaire vantait notre attitude devant le commerce et l'absence de snobisme qui permettait aux plus jeunes fils de la noblesse de devenir hommes d'affaires. Aujourd'hui, des excursionnistes d'un jour arrivent de Hollande, de Belgique, d'Allemagne et de France, tout excités à cause de la faiblesse de la livre, en attendant impatiemment d'aller chez Marks & Spencer. Voltaire a déclaré que le commerce représentait la base sur laquelle était bâtie la grandeur de notre nation; maintenant c'est tout ce qui nous reste pour ne pas faire faillite.

Quand je quitte le ferry en voiture, j'ai toujours envie de passer par la douane. Je n'ai jamais plus de marchandises hors taxe qu'il n'est permis; je n'importe jamais des plantes, des chiens, des produits pharmaceutiques, de la viande crue ou des armes; et pourtant je veux toujours tourner le volant pour me diriger vers la douane. Revenir du continent et ne rien avoir à déclarer est toujours ressenti comme un échec. Voudriez-vous lire ceci, s'il vous plaît, monsieur? Oui. Avez-vous compris, monsieur? Oui. Avez-vous quelque chose à déclarer? Oui, j'aimerais déclarer un enthousiasme pour ce qui est français, une dangereuse passion pour Flaubert, un plaisir enfantin devant les panneaux de signalisation français et un amour de la lumière quand on regarde vers le nord. Y a-t-il des droits à payer sur un de ces objets? Il devrait y en avoir.

Oh! Et j'ai ce fromage. Un brillat-savarin. Le type derrière moi en a un aussi. Je lui ai dit qu'on devait toujours déclarer le fromage à la douane. Souriez. *Cheese.*

J'espère que vous ne pensez pas que je parle par énigmes. Si je suis irritant, c'est sans doute parce que je suis embarrassé; je vous ai dit que je n'aimais pas les portraits de face. Mais j'essaie vraiment de vous faciliter les choses. La mystification est simple; la clarté est ce qu'il y a de plus dur. Ne pas composer un air est plus facile que d'en composer un. Ne pas rimer est plus facile que de rimer. Je ne veux pas dire que l'art doit être aussi clair que les indications sur un paquet de semence; je dis qu'on fait plus confiance au mystificateur s'il a délibérément choisi de ne pas être lucide. On fait confiance à Picasso parce qu'il pourrait dessiner comme Ingres.

Mais à quoi cela sert-il? Qu'avons-nous besoin de savoir? Pas tout. Tout entraîne la confusion. La franchise aussi. Le portrait de face qui vous regarde, vous hypnotise. En général, dans ses portraits et ses photos, Flaubert regarde au loin. Il regarde au loin pour que vous ne puissiez pas attraper son œil; et aussi parce que ce qu'il peut voir par-dessus votre épaule est plus intéressant que votre épaule.

La franchise entraîne la confusion. Je vous ai dit mon nom : Geoffrey Braithwaite. Cela a-t-il servi à quelque chose? Un peu; au moins, c'est mieux que « B » ou « G », ou « l'homme », ou « l'amateur de fromages ». Et, si vous ne m'aviez pas vu, qu'auriez-vous déduit du nom? Un professionnel de la classe moyenne; un avoué peut-être; un habitant d'un pays plus sain, planté de pins; costume de cheviote; moustache rappelant – peut-être de façon frauduleuse – un passé militaire; une femme sage; peut-être un peu de canotage le dimanche; un homme qui boit plutôt du gin que du whisky; et ainsi de suite?

Je suis – j'étais – médecin, profession libérale de la première génération; comme vous le voyez, il n'y a pas de moustache, bien que j'aie le passé militaire que les hommes de mon âge n'ont pu éviter; je vis en Essex, le moins caractéristique et par conséquent le plus acceptable des comtés proches de Londres; du whisky, pas de gin; pas du tout de cheviote; et pas de canotage. Assez près, et cependant pas assez près, vous voyez. Quant à ma femme, elle n'était pas sage. C'était le dernier mot qu'on lui aurait appliqué. Comme je l'ai dit, on injecte des produits dans les fromages à pâte molle pour arrêter l'affinage. Mais l'affinage a lieu quand même; c'est dans la nature du fromage. Les fromages à pâte molle s'affaissent; les fromages à pâte dure durcissent. Les deux sortes moisissent.

Je voulais mettre ma photo en première page. Pas par vanité; je pensais que ça pouvait être utile. Mais c'était une photo un peu ancienne, prise il y a une dizaine d'années. Je n'en ai pas de plus récente. C'est quelque chose que l'on découvre : passé un certain âge, les gens ne vous photographient plus. Ou, plus exactement, ils ne vous photographient plus que dans des cérémonies : anniversaires, mariages, Noël. Un personnage empourpré et joyeux qui lève son verre au milieu de la famille et des amis – quelle réalité, quelle véracité y a-t-il dans cette preuve? Qu'auraient pu révéler les photos de mon vingt-cinquième anniversaire de mariage? Certainement pas la vérité; aussi, c'est peut-être aussi bien qu'on ne les ait pas prises.

Caroline, la nièce de Flaubert, dit que vers la fin de sa vie il regrettait de ne pas avoir eu de vie de famille. Cependant, ce qu'elle en dit est un peu bref. « Nous revenions ensemble le long de la Seine... nous avions visité une de mes amies que nous avions trouvée au milieu d'enfants charmants. " Ils sont dans le vrai ", me dit-il, en faisant allusion à cet intérieur de famille honnête et bon. " Oui, se répétait-il à lui-même gravement, ils sont dans le vrai. " Je ne troublai point ses pensées et restai silencieuse à ses côtés. Cette promenade fut une des dernières. »

J'aurais préféré qu'elle troublât ses pensées. Le croyait-il vraiment? Devons-nous considérer la remarque comme autre chose que la perversité réflexe d'un homme qui rêvait d'Egypte quand il était en Normandie et de Normandie quand il était en Egypte? Faisait-il plus que vanter les talents particuliers de la famille à qui ils venaient de rendre visite? Après tout, s'il avait voulu faire l'éloge de l'institution du mariage, il aurait pu s'adresser à sa nièce en regrettant sa vie d'homme solitaire et en reconnaissant : « *Tu* es dans le vrai. » Mais il ne l'a pas fait, bien sûr. Parce qu'elle était dans l'erreur. Elle avait épousé un homme médiocre qui se ruina et en essayant de sauver son mari, elle ruina son oncle. Le cas de Caroline est instructif – tristement pour Flaubert.

Le père de Caroline avait été un être aussi médiocre que son mari le fut par la suite; Gustave l'évinça. Dans ses *Souvenirs intimes*, Caroline se souvient du retour d'Egypte de son oncle alors qu'elle était petite fille. « Il revint le soir; j'étais couchée, on m'éveilla. Il me prit dans mon petit lit, m'enleva brusquement et me trouva drôle dans ma longue robe de nuit; je me rappelle qu'elle flottait plus bas que mes pieds. Il se mit à rire très fort, puis m'imprima sur les joues de gros baisers qui me firent crier, je sentis le froid de sa moustache humide de rosée et je fus très satisfaite quand on me recoucha. » Qu'est-ce, sinon le récit du retour angoissant du père absent à la maison – retour de la guerre, du travail, de l'étranger, d'aventures galantes, du danger?

Il l'adorait. A Londres, il lui fit visiter la Grande Exposition; cette fois, elle fut heureuse dans ses bras, à l'abri de la foule effrayante. Il lui enseignait l'histoire : Pelopidas et Epaminondas; il lui enseignait la géographie, dans le jardin, avec une pelle et un seau d'eau, il construisait pour elle d'instructifs golfes, péninsules, îles, et promontoires. Elle aima son enfance avec lui et le souvenir qu'elle en garda survécut aux infortunes de sa vie d'adulte. En 1930, alors qu'elle avait quatre-vingt-quatre ans, Caroline rencontra Willa Cather [1] à Aix-

1. Willa Cather (1876-1947). Romancière américaine. (*N.d.T.*)

les-bains et elle se rappela les heures passées quatre-vingts ans plus tôt sur une couverture dans un coin du cabinet de travail de Gustave : il travaillait, elle lisait, dans un silence strict et fièrement respecté. « Assis dans le coin, elle aimait imaginer qu'elle était enfermée dans une cage avec un animal sauvage très fort, un tigre, un lion ou un ours, qui avait dévoré son gardien et qui bondissait sur quiconque ouvrirait la porte, mais avec qui elle était " en sécurité et satisfaite ", comme elle le disait avec un rire étouffé. »

Mais les contraintes de l'âge adulte arrivèrent. Il la conseilla mal et elle épousa un médiocre. Elle devint prétentieuse; elle ne pensait qu'à la société chic; et, finalement, elle essaya de chasser son oncle de la maison même dans laquelle les choses les plus utiles qu'elle connût s'étaient inscrites dans son cerveau.

Epaminondas était un général thébain qu'on tenait comme la preuve vivante de toutes les vertus; il mena une carrière ayant comme principe le carnage et fonda la cité de Megalopolis. Alors qu'il agonisait, un de ceux qui étaient présents se lamentait sur son absence de descendance. Il répondit : « Je laisse deux enfants, Leuctra et Mantinea » – les sites de ses deux plus célèbres victoires. Flaubert aurait pu faire le même aveu – « Je laisse deux enfants, Bouvard et Pécuchet » – parce que son seul enfant, une nièce qui était devenue sa fille, s'était enfuie dans la vie adulte et le désapprouvait. Pour elle et pour son mari, il était devenu le « consommateur ».

Gustave enseigna la littérature à Caroline. Je la cite : « Il jugeait qu'aucun livre n'est dangereux s'il est bien écrit. » Avançons de soixante-dix ans, dans une autre maison et dans une autre région de France. Cette fois, il y a un petit garçon, une mère et une amie de la mère qui s'appelle Mme Picard. Plus tard, le garçon écrivit ses mémoires; je cite de nouveau : « Mme Picard était d'avis qu'un enfant peut tout lire : un livre ne fait jamais de mal quand il est bien écrit. » Le garçon, conscient du point de vue souvent exprimé de Mme Picard, exploite délibérément sa présence et demande à sa mère l'autorisation de lire un roman célèbre et spécial. « Mais si mon petit chéri lit ce genre de livres à son âge, qu'est-ce qu'il lira quand il sera grand? – Je les vivrai! » répond-il. Ce fut une des répliques les plus habiles de son enfance; on se la transmit dans l'histoire de la famille et elle lui valut – ou c'est ce que nous pouvons penser – la lecture du roman. Le garçon s'appelait Jean-Paul Sartre. Le roman était *Madame Bovary*.

Le monde progresse-t-il? Ou ne fait-il qu'aller et venir comme un ferry-boat qui fait la navette? Une heure de la côte anglaise et le ciel clair disparaît. On est escorté par le vent et la pluie dans son retour chez soi. Quand le temps change, le bateau se met à rouler un peu et les tables dans le bar reprennent leur conversation métallique. *Rattarattarattaratta, fattafattafattafatta.* Demande et réponse, demande et réponse. Maintenant, je trouve que ça ressemble aux étapes finales d'un mariage : deux parties séparées, vissées sur leur morceau de plancher, débitant leur bavardage habituel alors que la pluie se met à tomber. Ma femme... Pas maintenant, pas maintenant.

Pendant ses recherches géologiques, Pécuchet s'interroge : « Admets qu'un tremblement de terre ait lieu sous la Manche; les eaux se ruent dans l'Atlantique; les côtes de France et d'Angleterre, en chancelant sous leur base, s'inclinent, se rejoignent, et, vlan, tout l'entre-deux est écrasé. » En entendant les prédictions de son ami, Bouvard s'enfuit, terrorisé. Quant à moi, je pense que nous n'avons aucune raison d'être aussi pessimistes.

Vous n'oublierez pas pour le fromage, n'est-ce pas? Ne laissez pas pousser une plante chimique dans votre frigo. Je ne vous ai pas demandé si vous étiez marié. Mes compliments, ou non, selon le cas.

Je pense que je vais passer par la douane. J'ai besoin de compagnie. L'opinion du révérend Musgrave était que les *douaniers* * français se conduisaient comme des gentlemen, alors que les douaniers anglais étaient des brutes. Mais, si on les traite correctement, je les trouve tous sympathiques.

8

Guide Flaubert de l'amateur de trains

1. La maison de Croisset – une propriété du XVIIIe siècle, longue et blanche sur la berge de la Seine – était parfaite pour Flaubert. Elle était isolée mais cependant proche de Rouen et, par conséquent, de Paris. Elle était assez vaste pour qu'il ait un cabinet de travail avec cinq fenêtres ; mais cependant assez petite pour décourager les visiteurs sans que ce soit manifestement incorrect. Cela lui donnait également, s'il le voulait, une vue imprenable sur la vie qui passait : de sa terrasse il pouvait braquer ses jumelles d'opéra sur les bateaux de plaisance à vapeur emmenant des gens déjeuner jusqu'à La Bouille. De leur côté, les passagers s'étaient habitués à *cet original de Monsieur Flaubert* *, et ils étaient déçus s'ils ne l'apercevaient pas, en chemise nubienne et en calotte de soie, en train de les regarder, du point de vue de l'écrivain.

Caroline a décrit les calmes soirées de son enfance à Croisset. C'était un curieux ménage : la fille, l'oncle, la grand-mère – un représentant solitaire de chaque génération, comme une de ces maisons étroites avec une seule pièce par étage. (Les Français appellent une telle maison *un bâton de perroquet* *.) Tous les trois, se souvenait-elle, s'asseyaient sur le balcon du petit pavillon et attendaient l'arrivée confiante de la nuit. « Sur le chemin de halage en face, la silhouette d'un cheval, traînant un bateau qui glissait sans bruit se distinguait à peine... deux ou trois barques se détachaient du rivage. C'étaient les pêcheurs d'anguilles qui se mettaient en route et jetaient leurs nasses. »

Pourquoi le Dr Flaubert vendit-il sa propriété de Déville pour acheter cette maison? D'après la tradition, comme refuge pour son fils handicapé qui venait de subir sa première crise d'épilepsie. Mais la propriété de Déville aurait été vendue de toute façon. On allait prolonger la ligne de chemin de fer Paris-Rouen jusqu'au Havre et elle coupait la propriété du Dr Flaubert; une partie allait être expropriée. On peut dire que Gustave a été enfermé dans une retraite créative à Croisset par l'épilepsie. On peut dire qu'il y a été conduit par le chemin de fer.

2. Gustave appartient à la première génération du chemin de fer en France; et il détestait cette invention. Pour commencer, c'était un moyen de transport odieux. « Je m'embête tellement en chemin de fer qu'au bout de cinq minutes je hurle d'ennui. On croit, dans le wagon, que c'est un chien oublié; pas du tout, c'est M. Flaubert qui soupire! » Ensuite, il amenait un nouveau personnage au dîner : l'ennui du chemin de fer. La conversation sur le sujet donnait à Flaubert la « colique des wagons »; en juin 1843, il déclara qu'« après Mme Lafarge (une empoisonneuse) et la mort du duc d'Orléans (tué en voiture l'année précédente) je ne connais rien de plus embêtant ». Louise Colet essayant d'être moderne dans son poème « La paysanne », laissa Jean, le soldat qui revient de guerre et qui recherche sa Jeanneton, voir la fumée d'un train. Flaubert coupa le vers. « Il s'en fiche bien, Jean, et moi aussi. »

Mais il ne détestait pas seulement le chemin de fer en tant que tel; il détestait la façon dont il flattait les gens avec l'illusion du progrès. Quel était l'intérêt de l'avancée scientifique sans avancée morale? Le chemin de fer permettait seulement aux gens de se déplacer, de se rencontrer et d'être stupides ensemble. Dans une de ses premières lettres, écrite quand il avait quinze ans, il fait la liste des méfaits de la civilisation : « Les chemins de fer, les poisons, les clysopompes, les tartes à la crème, la royauté et la guillotine. » Deux ans plus tard, dans son essai sur Rabelais, la liste des ennemis s'est modifiée – sauf le premier objet : « des chemins de fer, des fabriques, des chimistes, des mathématiciens ». Il ne changea jamais.

3. « Ce qu'il y a de supérieur à tout c'est l'Art. Un livre de poésie vaut mieux qu'un chemin de fer. »

Journal intime, 1840.

4. A mon avis, on a assez sous-estimé le rôle du chemin de fer dans la relation entre Flaubert et Louise Colet. Étudions-en les mécanismes. Elle vivait à Paris, lui à Croisset; il ne voulait pas venir dans la capitale, elle n'était pas autorisée à lui rendre visite à la campagne. Alors ils se rencontraient à peu près à mi-chemin, à Mantes, où l'hôtel du Grand-Cerf leur permettait de connaître une ou deux nuits d'extase hautes en couleur et de fausses promesses. Ensuite, se déroulait le cycle suivant : Louise exigeait un prochain rendez-vous; Gustave refusait; Louise suppliait, se mettait en colère, menaçait; Gustave cédait à contrecœur et acceptait un nouveau rendez-vous. Cela durait juste assez longtemps pour qu'il assouvisse ses désirs et qu'elle ranime ses espoirs. Gustave a-t-il jamais réfléchi au destin d'un autre visiteur qui l'avait précédé à Mantes? C'est à la prise de Mantes que Guillaume le Conquérant tomba de cheval et qu'il reçut la blessure dont il devait mourir plus tard à Rouen.

La ligne de chemin de fer Paris-Rouen – construite par les Anglais – ouvrit le 9 mai 1843, à peine trois ans avant que Gustave et Louise se rencontrent. Pour chacun d'eux, le voyage à Mantes fut réduit d'une journée à deux heures. Imaginez ce que cela aurait été sans le chemin de fer. Ils auraient dû voyager par la diligence ou les bateaux à vapeur sur le fleuve; ils auraient été fatigués et peut-être de mauvaise humeur en se retrouvant. La fatigue affecte le désir. Mais, étant donné les difficultés, ils auraient attendu plus de choses de la rencontre : plus en temps – un jour supplémentaire peut-être – et plus en engagement sentimental. C'est seulement une théorie personnelle, bien sûr. Mais si, dans notre siècle, le téléphone a rendu l'adultère à la fois plus facile et plus difficile (il est plus simple de fixer des rendez-vous mais aussi de contrôler), au siècle dernier, le chemin de fer a eu le même effet. (Quelqu'un a-t-il fait une étude comparative sur l'expansion des chemins de fer et l'expansion de l'adultère? Je peux imaginer des curés de village prononçant des sermons contre cette invention du diable et dont on se moquait; mais, s'ils l'ont fait, ils avaient raison.) Grâce au chemin de fer, cela en valait la peine pour Gustave : il pouvait faire l'aller et retour de Mantes sans trop de problèmes. Grâce au chemin de fer, cela en valait la peine pour Louise : Gustave n'était jamais vraiment très loin, quelle que soit la sévérité des lettres qu'il lui écrivait; la suivante lui dirait sans doute qu'ils pourraient se rencontrer de nouveau, que deux heures seulement les séparaient. Et, grâce au chemin de fer, cela en valait la peine pour nous qui, aujourd'hui, pouvons lire les lettres qui résultèrent de ce va-et-vient érotique prolongé.

5 a. Septembre 1846 : première rencontre à Mantes. Le seul problème, c'était la mère de Gustave. Elle n'avait pas encore été officiellement mise au courant de l'existence de Louise. En fait, Mme Colet fut obligée d'envoyer toutes ses lettres d'amour à Gustave par l'intermédiaire de Maxime Du Camp, qui les réexpédiait sous de nouvelles enveloppes. Comment Mme Flaubert a-t-elle réagi à cette soudaine absence nocturne de Gustave? Que lui a-t-il raconté? Un mensonge, bien sûr. « J'ai arrangé une petite histoire que ma mère a crue », se vanta-t-il, comme un petit garçon de six ans tout fier de lui, et il partit pour Mantes.

Mais Mme Flaubert ne crut pas sa *petite histoire**.

Cette nuit-là, elle dormit moins que Gustave et Louise. Quelque chose l'inquiétait; peut-être la récente avalanche de lettres de Maxime Du Camp. Aussi, le lendemain matin, elle alla à la gare de Rouen et quand son fils, toujours couvert d'orgueil et de sexe, descendit du train, elle l'attendait sur le quai. « Elle ne m'a fait aucun reproche, mais son visage était le plus grand de tous les reproches qu'on puisse faire. »

On parle de la tristesse des départs, mais le sentiment de culpabilité du retour?

b. Évidemment, Louise pouvait, elle aussi, jouer la scène du quai. Sa jalousie qui éclatait contre Gustave quand il dînait avec des amis était célèbre. Elle s'attendait toujours à trouver une rivale; mais il n'y en avait pas, sauf si vous comptez Emma Bovary. Une fois, Du Camp raconte : « Un jour que Flaubert repartait pour Rouen, elle pénétra dans les salles d'attente et joua une telle scène de tragédie que les employés eurent à intervenir. Flaubert était harassé et demandait grâce; il ne l'obtint jamais. »

6. C'est un fait peu connu que Flaubert a voyagé dans le métro de Londres. Voici quelques citations extraites de son journal de voyage de 1865 :

« *Lundi 26 juin* (dans le train qui vient de Newhaven). Quelques stations insignifiantes avec les affiches comme aux gares des environs de Paris – arrivée à Victoria.

« *Lundi 3 juillet*. Acheté un horaire des chemins de fer.

« *Vendredi 7 juillet*. Chemin de fer souterrain. Hornsey. Mrs. Farmer... (Charing-Cross pour des renseignements.) »

Il ne daigne pas comparer les chemins de fer français et britanniques. C'est peut-être dommage. Notre ami, le révérend G. M. Musgrave, quand il débarqua à Boulogne une douzaine d'années plus tôt, fut très impressionné par le système français : « Les appareils pour recevoir, peser et marquer les bagages et pour faire payer étaient simples et excellents. Régularité, précision et ponctualité dans les différents services. Beaucoup de civilité, beaucoup de confort (du confort en France!) rendaient tout aménagement agréable; et tout cela sans les vociférations ou l'agitation qui règnent à Paddington; pour ne rien dire de la seconde classe à peu près semblable à notre première. Quelle honte pour l'Angleterre qu'il en soit ainsi! »

7. « CHEMIN DE FER : Si Napoléon les avait eus à sa disposition, il aurait été invincible. S'extasier sur leur invention et dire : « Moi, monsieur, qui vous parle, j'étais ce matin à X...; je suis parti par le train de X... ; là-bas, j'ai fait mes affaires, etc., et à X heures, j'étais revenu! »

Dictionnaire des idées reçues.

8. J'ai pris le train à Rouen (rive droite). Il y avait des banquettes en plastique bleu et un avis en quatre langues demandant qu'on ne se penche pas à la fenêtre; j'ai remarqué qu'il fallait plus de mots en anglais qu'en français, en allemand ou en italien pour transmettre ce conseil. Je me suis assis en dessous d'une photo (noir et blanc), dans un cadre métallique, représentant des bateaux de pêche à l'île d'Oléron. Près de moi, un couple assez âgé lisait dans *Paris-Normandie* l'histoire d'un charcutier, *fou d'amour* *, qui avait tué une famille de sept personnes. Sur la vitre, il y avait un petit autocollant que je n'avais jamais vu : « *Ne jetez pas l'énergie par les fenêtres en les ouvrant en période de chauffage* *. » Traduit (*Do not throw energy out of the windows*), cela ne fait pas du tout anglais : c'est à la fois logique et fantasque.

Comme vous le voyez, j'observais. Un aller simple coûte trente-cinq francs. Le voyage dure un tout petit peu moins d'une heure : la moitié de ce qu'il durait du temps de Flaubert. Le premier arrêt est Oissel; puis Le Vaudreuil-*ville nouvelle*; Gaillon (Aubevoye), avec les entrepôts de Grand Marnier. Musgrave disait que le paysage le long de cette portion de la Seine lui rappelait le Norfolk : « Un paysage plus anglais que tout ce que j'ai vu en Europe. » Le contrôleur tape avec sa pince sur le chambranle de la porte : métal contre métal, un ordre auquel on obéit. Vernon; puis, à gauche, la Seine très large vous fait pénétrer dans la ville de Mantes.

6, place de la République, il y avait un chantier. On achevait un immeuble; il montrait déjà l'innocence confiante de l'usurpateur. Le Grand-Cerf? Oui, effectivement, m'ont-ils dit au *tabac* *, le vieil hôtel était encore là il y a à peu près un an. Je suis revenu près du chantier et j'ai regardé. Tout ce qui restait de l'hôtel, c'étaient deux grands piliers de porte en pierre à une dizaine de mètres l'un de l'autre. Je les ai examinés sans espoir. Dans le train, j'avais été incapable d'imaginer Flaubert (hurlant comme un chien impatient? grognant? emporté?) faisant le même voyage; maintenant, à ce moment du pèlerinage, les piliers ne m'étaient d'aucune utilité pour retrouver par la pensée les ardentes rencontres de Gustave et de Louise. Pourquoi m'auraient-ils aidé? Nous sommes trop impertinents avec le passé, en comptant sur lui pour nous donner un *frisson** digne de confiance. Pourquoi devrait-il jouer notre jeu?

L'air maussade, j'ai fait le tour de l'église (une étoile dans le Michelin), j'ai acheté un journal, j'ai bu une tasse de café, j'ai lu l'histoire du charcutier *fou d'amour* *, et j'ai décidé de rentrer par le train suivant. La rue qui mène à la gare s'appelle avenue Franklin-Roosevelt, bien que la réalité soit un peu moins grande que le nom. A une cinquantaine de mètres avant la fin, j'ai vu un *café-restaurant* *. Il s'appelait *Le Perroquet.* A l'extérieur, sur le trottoir, un perroquet en bois découpé, avec un plumage d'un vert criard, tenait dans son bec le menu. C'était une de ces maisons à colombages qui affirment un plus grand âge qu'elles n'en ont en réalité. Je ne sais pas si ce restaurant existait déjà du temps de Flaubert. Mais je sais ceci : parfois le passé est comme un porc enduit de graisse; parfois un ours dans sa tanière; et parfois, simplement, l'éclair de lumière d'un perroquet, deux yeux moqueurs qui étincellent vers vous dans la forêt.

9. Les trains ont peu d'importance dans l'œuvre de Flaubert. Cependant, cela fait preuve d'exactitude et non d'un préjugé : la plupart de son œuvre est située avant l'arrivée des terrassiers et des ingénieurs anglais en Normandie. *Bouvard et Pécuchet* se passe avant et après l'apparition du chemin de fer mais, de façon étonnante, ses copistes dogmatiques n'ont pas non plus d'idée sur le nouveau mode de transport.

Les trains n'apparaissent que dans *L'Éducation sentimentale.* On en parle une première fois comme d'un sujet de conversation peu intéressant lors d'une soirée donnée par les Dambreuse. Le premier vrai train et le premier vrai voyage se trouvent dans la seconde partie, au chapitre trois, quand Frédéric va à Creil dans l'espoir de séduire Mme Arnoux. Pour évoquer l'impatience du voyageur, Flaubert décrit l'excursion avec un lyrisme approbateur : « A droite et à gauche, des plaines vertes s'étendaient; le convoi roulait; les maisonnettes des stations glissaient comme des décors et la fumée de la locomotive versait toujours du même côté ses gros flocons qui dansaient sur l'herbe quelque temps, puis se dispersaient. » Il y a plusieurs autres voyages en chemin de fer dans le roman, et les passagers semblent assez heureux; en tout cas, aucun d'eux ne « hurle d'ennui comme un chien oublié ». Et, bien que dans « La paysanne » de Mme Colet Flaubert coupe avec méchanceté un vers sur la fumée qui court à l'horizon, cela ne l'exclut pas de son propre paysage (*Éducation sentimentale,* troisième partie, chapitre 4), « la fumée d'une locomotive allongeait horizontalement, au pied des collines couvertes de feuillages comme une gigantesque plume d'autruche dont le bout léger s'envolait ».

Nous ne pouvons découvrir son opinion qu'à un seul endroit. Pellerin, l'artiste qui fait partie des compagnons de Frédéric, un homme spécialisé dans les théories achevées et les croquis inachevés, présente une de ses rares toiles terminées. Flaubert se permet un petit sourire : « Cela représentait la République, ou le Progrès, ou la Civilisation, sous la figure de Jésus-Christ conduisant une locomotive, laquelle traversait une forêt vierge. »

10. L'avant-dernière phrase de la vie de Gustave, prononcée alors qu'il était debout légèrement étourdi mais pas inquiet : « Je vais avoir, je crois, une espèce de syncope. C'est heureux que cela m'arrive aujourd'hui. Ça aurait été bien embêtant demain dans le chemin de fer. »

11. Croisset aujourd'hui. L'immense fabrique de papier tournait à plein à l'emplacement de la maison de Flaubert. Je me suis promené à l'intérieur; ils étaient heureux de me faire visiter. Je regardais les pistons, la vapeur, les cuves, les plateaux de détrempe : autant d'humidité pour produire quelque chose d'aussi sec que du papier. J'ai demandé à mon guide s'ils fabriquaient le genre de papier qu'on utilisait pour les livres; elle m'a dit qu'ils fabriquaient toutes les sortes de papier. J'ai compris que la visite ne serait pas sentimentale. Au-dessus de nos têtes un pont roulant transportait un énorme rouleau de papier, d'au moins six mètres de long. Il semblait disproportionné par rapport à son entourage, comme une sculpture pop à une échelle délibérément provocatrice. J'ai dit que ça ressemblait à un gigantesque rouleau de papier hygiénique; mon guide m'a confirmé que c'était exactement ce que c'était.

L'extérieur de la fabrique palpitante était à peine plus calme. Des camions passaient sur la route qui autrefois était un chemin de halage; des béliers enfonçaient des pieux des deux côtés du fleuve; aucun bateau ne pouvait passer sans donner un coup de klaxon. Flaubert prétendait que Pascal avait visité la maison de Croisset et une légende locale tenace affirmait que l'abbé Prévost y avait écrit *Manon Lescaut*. Aujourd'hui, il ne reste personne pour répéter de telles histoires; et personne non plus pour y croire.

Il tombait une pluie maussade de Normandie. Je

pensais à la silhouette du cheval sur l'autre rive, au bruit paisible des pêcheurs d'anguilles jetant leurs nasses. Est-ce que les anguilles elles-mêmes pouvaient encore vivre dans cette triste artère commerciale? Si oui, elles devaient sans doute avoir un goût de fuel et de détergent. Mon regard a remonté le fleuve et, soudain, je l'ai aperçu tassé sur la terre et frémissant. Un train. J'avais vu les rails avant, une ligne posée entre la route et le fleuve; la pluie les rendait maintenant brillants et faux. J'avais pensé sans y réfléchir qu'ils devaient servir au déplacement des grues. Mais non: on ne lui avait même pas épargné ça. Le train de marchandises était rangé à environ deux cents mètres, prêt à partir en passant devant le pavillon de Flaubert. Il sifflerait sans aucun doute de façon dérisoire, à sa hauteur; peut-être transportait-il des poisons, des clysopompes, des tartes à la crème, du matériel pour pharmaciens et mathématiciens. Je n'ai pas voulu voir cela (l'ironie peut être aussi maladroite qu'impitoyable). Je suis remonté en voiture et je suis parti.

9

Les œuvres secrètes de Flaubert

Ce n'est pas ce qu'ils ont construit. C'est ce qu'ils ont détruit.
Ce ne sont pas les maisons. Ce sont les espaces entre les maisons.
Ce ne sont pas les rues qui existent. Ce sont les rues qui n'existent plus.

James FENTON.

Mais c'est aussi ce qu'ils n'ont pas construit. Ce sont les maisons dont ils ont rêvé et dont ils ont fait l'esquisse. Ce sont les brusques boulevards de leur imagination; c'est ce sentier qu'ils n'ont pas emprunté et qui serpente entre les chaumières au toit comme des perruques; c'est le cul-de-sac en *trompe-l'œil** qui vous fait croire que vous entrez dans une avenue élégante.

Les livres que les auteurs n'écrivent pas sont-ils importants? Il est facile de les oublier, de soutenir que la bibliographie secrète ne doit contenir que de mauvaises pensées, les projets justement abandonnés, les premières idées embarrassantes. Cela n'est pas nécessaire: la première idée est souvent la meilleure, réhabilitée avec enthousiasme par la troisième pensée après avoir été rabaissée par la seconde. En outre, on n'abandonne pas toujours une idée parce qu'elle manque de qualité après vérification. L'imagination ne donne pas une récolte tous les ans, comme un arbre fruitier sur qui on peut compter. L'écrivain doit cueillir tout ce qui est là: parfois trop, parfois pas assez, parfois rien du tout. Et, dans les années de surabondance, il y a toujours dans un grenier frais et sombre une claie que l'écrivain va voir nerveusement de temps en temps; hé oui, oh, quel dommage, tandis qu'il peinait en bas, là dans le grenier, il y a des peaux qui se fripent, des taches alarmantes, une débâcle brune et soudaine et l'apparition de flocons de neige. Que peut-il y faire?

Avec Flaubert, les œuvres secrètes jettent une seconde ombre. Si le meilleur moment de la vie c'est la visite au bordel qui n'a pas eu lieu, peut-être que le meilleur moment de l'écrivain c'est l'arrivée d'une idée pour un livre qu'on n'aura jamais à écrire, qui ne sera jamais souillé par une forme définitive, qui n'aura jamais à être exposé à un regard moins amoureux que celui de son auteur.

Bien sûr, les œuvres publiées ne sont pas elles-mêmes immuables : elles pourraient sembler différentes aujourd'hui si on avait donné à Flaubert assez de temps et d'argent pour mettre ses biens littéraires en ordre; *Bouvard et Pécuchet* aurait été achevé; *Madame Bovary* aurait peut-être été supprimé (jusqu'à quel point devons-nous prendre au sérieux l'irritation de Gustave contre la célébrité arrogante du livre? un peu au sérieux); et *L'Éducation sentimentale* aurait peut-être eu une fin différente. Du Camp rapporte la consternation de Flaubert devant la malchance historique du livre : un an après sa publication éclata la guerre de 1870 et Flaubert pensait que l'invasion et la débâcle de Sedan auraient fourni une conclusion grandiose, publique et irréfragable à un roman dont le but est de retracer l'échec moral de toute une génération.

Maxime Du Camp rapporte ce que disait Flaubert : « Imagine le capital qu'on aurait pu tirer de certains incidents. En voici une, par exemple, qui aurait été excellente. La capitulation a été signée, l'armée est faite prisonnière, l'empereur, enfoncé dans un coin de son immense voiture a un regard sombre et terne; il fume une cigarette pour se donner une contenance et, bien qu'une tempête fasse rage en lui, il essaie de rester impassible. A côté de lui, il y a ses aides de camp et un général prussien. Tous sont silencieux, tous les regards sont baissés; chaque cœur est rempli de peine.

« A un croisement, le convoi est arrêté par une colonne

de prisonniers gardés par des uhlans à cheval, la chapska sur l'oreille et la lance en arrêt. On doit stopper la voiture devant le flot humain qui avance dans un nuage de poussière que rougissent les rayons de soleil. Les hommes marchent en traînant les pieds et en baissant les épaules. L'œil torve de l'empereur contemple cette foule. Quelle étrange façon de passer ses troupes en revue. Il pense aux revues précédentes, aux tambours qui battaient, aux étendards qui flottaient au vent, à ses généraux couverts de galons d'or qui le saluaient avec leurs épées et à ses gardes qui criaient : « Vive l'empereur ! »

« Un prisonnier le reconnaît et le salue puis un autre et encore un autre.

« Soudain, un zouave quitte les rangs, secoue le poing et hurle : « Ah ! Te voilà, scélérat. Tu nous a ruinés ! »

« Alors dix mille hommes crient des insultes, secouent les bras de façon menaçante, crachent sur la voiture et passent comme un tourbillon d'injures. L'empereur reste impassible, sans faire un signe ni prononcer un mot, mais il pense : « Ces hommes sont ceux qui s'appelaient ma garde prétorienne ! »

« Eh bien, que penses-tu de cette situation ? C'est assez puissant, non ? Cela aurait fait une scène finale plutôt animée pour mon *Éducation* ! Je n'arrive pas à me consoler de l'avoir ratée ! »

Devons-nous nous désoler de la perte d'une telle fin ? Comment l'apprécier ? Du Camp l'a sans doute alourdie en la racontant et il y aurait eu de nombreuses corrections à la Flaubert avant la publication. Ce que la scène a de séduisant est clair : le *fortissimo*, la conclusion publique à la faillite d'une nation. Mais le livre a-t-il besoin d'une telle fin ? Ayant eu 1848, devons-nous avoir aussi 1870 ? Il vaut mieux laisser le roman finir dans le désenchantement; il vaut mieux les souvenirs de deux amis que le tourbillon d'un tableau pour exposition.

Pour les véritables œuvres secrètes, soyons systématiques.

1. *Autobiographie :* « Un jour, si j'écris mes mémoires,

– la seule chose que j'écrirai bien, si jamais je m'y mets –, ta place y sera, et quelle place! car tu as fait dans mon existence une large brèche. » Gustave écrit cela dans une de ses premières lettres à Louise Colet; et pendant une période de sept ans (1846-1853) il fait parfois référence à cette autobiographie envisagée. Puis il en annonce l'abandon officiel. Mais était-ce plus que le projet d'un projet? « Je te mettrai dans mes mémoires », est un des clichés commodes pour une cour littéraire. A mettre avec « Je vais te faire faire du cinéma », « Je pourrais t'immortaliser dans une toile », « Je vois ton cou en marbre », etc.

2. *Traductions*. Des œuvres perdues, plutôt que secrètes, mais nous pouvons noter : *a*) la traduction de *Madame Bovary* par Juliet Herbert, revue par le romancier, et qu'il proclama un « chef-d'œuvre »; *b*) la traduction dont il est question dans une lettre de 1844 : « J'ai lu *Candide* vingt fois, je l'ai traduit en anglais... » Cela ne ressemble pas à un exercice scolaire : plutôt à un apprentissage qu'il s'était imposé. A en juger par l'emploi fantasque de l'anglais dans ses lettres, la traduction devait ajouter une couche de comédie non voulue aux intentions de l'original. Il n'arrivait même pas à recopier correctement les noms des lieux en anglais : en 1866, prenant des notes sur les « tuiles colorées de Minton » au South Kensington Museum, il transforme « Stoke-upon-Trent » en « Stroke-upon-Trend ».

3. *Fiction*. Cette partie des œuvres secrètes contient un grand nombre d'œuvres de jeunesse, surtout utiles aux psychobiographes. Mais les livres qu'un écrivain n'écrit pas pendant son adolescence sont de nature différente des livres qu'il n'écrit pas une fois qu'il a déclaré sa profession. Ce sont les non-livres dont il doit assumer la responsabilité.

En 1850, en Égypte, Flaubert pense « pendant deux jours à l'histoire de Mycerinus », un roi pieux de la quatrième dynastie à qui on attribue la réouverture des temples fermés par ses prédécesseurs. Cependant, dans une lettre à Louis Bouilhet, le romancier décrit son sujet de façon plus crue : « Ce roi qui baise sa fille. » L'intérêt de Flaubert était peut-être soulevé par la découverte (ou peut-être même le souvenir) qu'en 1837 le sarcophage du roi avait été retrouvé par les Britanniques et ramené à Londres en bateau. Gustave aurait pu aller le voir, lors de sa visite au British Museum en 1851.

J'ai essayé de l'examiner l'autre jour. On m'a dit que ce sarcophage n'est pas une des pièces les plus intéressantes du musée et qu'il n'est plus exposé depuis 1904. Bien qu'au moment de son transport on crût qu'il datait de la quatrième dynastie, il est apparu plus tard qu'il appartenait à la vingt-sixième : les parties du corps momifié qui sont à l'intérieur peuvent être ou non celles du corps de Mycerinus. J'ai été déçu, en même temps soulagé; et si Flaubert avait persévéré dans son projet et avait inséré une description méticuleusement documentée de la tombe du roi? Le Dr Enid Starkie aurait eu une autre occasion de fustiger une nouvelle erreur littéraire.

(Peut-être devrais-je accorder au Dr Starkie une entrée dans mon guide de poche pour Flaubert; ou cela serait-il inutilement agressif? « S » comme Sade, ou « S » comme Starkie? A propos, ça coule bien, le *Dictionnaire des idées reçues* de Braithwaite. Tout ce que l'on doit savoir sur Flaubert pour en savoir autant que les autres! Encore quelques entrées et ce sera fini. La lettre X va être un problème. Il n'y a rien à la lettre X dans le dictionnaire de Flaubert.)

En 1850, de Constantinople, Flaubert annonce trois projets : *Une nuit de Don Juan* (qui ira jusqu'au stade du plan); *Anubis* l'histoire de « la femme qui veut se faire baiser par Dieu »; « Mon roman flamand de la jeune fille qui meurt vierge et mystique, [...] dans une petite ville de province, au fond d'un jardin planté de choux et de quenouilles... » Gustave se plaint dans sa lettre à Bouilhet des dangers de faire des plans trop précis. « Hélas! Il me semble que lorsqu'on dissèque si bien les enfants à naître, on n'est pas assez bandant pour les créer. » Dans ces trois cas, Gustave ne banda pas assez; pourtant, certains ont vu dans le troisième projet comme quelque chose qui annonçait vaguement *Madame Bovary* ou *Un cœur simple.*

En 1852-1853 Gustave fait des plans sérieux pour *La Spirale*, « un grand roman métaphysique, fantastique et gueulard », dont le héros mène une double vie typiquement flaubertienne, étant heureux dans ses rêves et malheureux dans la réalité. Sa conclusion bien sûr : le bonheur n'existe que dans l'imagination.

En 1853, « un de mes vieux rêves » est ressuscité : un roman de chevalerie. « Je crois cela faisable, même après l'Arioste, en introduisant un élément de terreur et de poésie large qui lui manque. »

En 1861 : « Voilà longtemps que je médite un roman sur la folie, ou plutôt sur la *manière* dont on devient fou ! » A partir de cette date, ou un peu plus tard, d'après Du Camp, il méditait aussi un roman sur le théâtre; il s'asseyait dans la chambre verte et notait les confidences d'actrices trop franches. « Seul Le Sage dans *Gil Blas* a atteint la vérité. Je la révélerais dans toute sa nudité, car il est impossible d'imaginer à quel point elle est comique. »

A partir de ce moment, Flaubert doit avoir su que tout roman très long lui prendrait probablement cinq ou sept ans; et, par conséquent, ces projets devaient inévitablement sécher dans l'encrier. Pendant les douze dernières années de sa vie, nous trouvons quatre idées principales, plus une cinquième curieuse, une sorte de *roman trouvé* *.

a) *Harel-Bey*, une histoire orientale. « Si j'étais plus jeune et si j'avais de l'argent, je retournerais en Orient pour étudier l'Orient moderne, l'Orient-Isthme de Suez. Un grand livre là-dessus est un de mes vieux rêves. Je voudrais faire un civilisé qui se barbarise et un barbare qui se civilise! Développer ce contraste des deux mondes finissant par se mêler... mais il est trop tard. »

b) Un livre sur la bataille des Thermopyles, qu'il avait l'intention d'écrire après avoir fini *Bouvard et Pécuchet.*

c) Un roman décrivant plusieurs générations d'une famille de Rouen.

d) Si l'on coupe une planaire en deux, une nouvelle queue poussera sur la tête; encore plus surprenant, une tête poussera sur la queue. C'est ce qui est arrivé avec la fin regrettée de *L'Éducation sentimentale*: elle donna naissance à l'idée d'un nouveau roman, d'abord intitulé *Sous Napoléon III*, et plus tard, *Une maison parisienne.* « J'écrirai un roman sur l'Empire (dit Du Camp qui nous rapporte ses paroles) et j'entrerai dans les soirées de Compiègne, avec tous les ambassadeurs, les maréchaux et les sénateurs faisant sonner leurs décorations en se penchant vers le sol pour embrasser la main du prince impérial. Oui, c'est vrai! L'époque fournira la matière pour des livres fondamentaux. »

e) Le *roman trouvé* * fut découvert par Charles Lapierre, directeur du *Nouvelliste de Rouen.* Alors qu'il dînait un soir à Croisset, Lapierre raconta à Flaubert l'histoire scandaleuse de Mlle de P. Elle était née dans la noblesse normande, elle avait des protections à la cour et avait été nommée lectrice de l'impératrice Eugénie. On disait qu'elle était belle à damner un saint. En tout cas elle était assez belle pour se damner : elle s'était fait chasser à cause d'une liaison cyniquement affichée avec un officier de la garde impériale. Par la suite, elle était devenue une des reines du demi-monde parisien, régnant dans les années 60 sur une version douteuse de la cour dont elle avait été exclue. Elle disparut pendant la guerre de 1870 (avec le reste de sa profession) et par la suite son étoile déclina. Elle descendit dans la plus basse galanterie. Mais pourtant, de manière tout à fait encourageante (aussi bien pour le roman que pour elle-même), elle se releva; après avoir été la maîtresse d'un officier de cavalerie, elle mourut épouse légitime et respectée d'un amiral de la marine française.

Flaubert était enchanté : « Sais-tu, Lapierre, que tu viens de me donner le sujet d'un roman qui sera le pendant de ma *Bovary*? Une Bovary du grand monde :

quelle figure prenante!... Il faut que je note tout de suite ce que tu viens de me raconter. » Mais le roman ne fut jamais écrit et on n'a jamais retrouvé les notes.

Tous ces livres non écrits sont tentants. Pourtant ils peuvent dans une certaine mesure être remplis, mis en ordre, réimaginés. On peut les étudier dans les universités. Une jetée est un pont déçu; cependant, regardez-le assez longtemps et vous pourrez rêver qu'il atteint l'autre côté de la Manche. La même chose est vraie avec ces bouts de livres.

Mais qu'en est-il des vies qu'on n'a pas menées? Elles sont peut-être encore plus tentantes; ce sont les vraies œuvres secrètes. *Les Thermopyles* au lieu de *Bouvard et Pécuchet*? C'est toujours un livre. Mais si Gustave lui-même avait changé de carrière? Après tout, il est facile de ne pas être écrivain. La plupart des gens ne sont pas écrivains et ils ne s'en portent pas plus mal. Une fois, un phrénologue – ce conseiller d'orientation professionnelle du XIXe siècle – a examiné Flaubert et lui a dit qu'il était fait « pour être un dompteur de bêtes féroces ». Ce n'est pas si éloigné de la vérité. Cette citation de nouveau : « J'attire les fous et les animaux. »

Il n'y a pas que la vie que nous connaissons. Il n'y a pas que la vie qui a été cachée avec succès. Il n'y a pas que les mensonges sur la vie, dont certains ne peuvent être mis en doute. Il y a aussi la vie qui n'a pas été menée.

« Serai-je un roi ou un pourceau? » écrit Gustave dans ses *Carnets intimes*. A dix-neuf ans, cela semble toujours aussi simple. Il y a la vie, et il y a la non-vie; la vie d'ambition réalisée, ou la vie d'échec porcin. D'autres essaient de vous parler de votre avenir, mais on ne les croit jamais. « On m'a prédit beaucoup de choses, écrit Gustave à cette époque. 1) que j'apprendrais à danser, 2) que je me marierais. Nous verrons – je ne le crois pas. »

Il ne s'est jamais marié et n'a jamais appris à danser. Il refusait tellement de danser que la plupart des personnages masculins sympathiques de ses romans refusent eux aussi de danser.

Qu'a-t-il appris à la place? A la place, il a appris que la vie n'est pas un choix entre se frayer par le meurtre un chemin jusqu'au trône et descendre dans une soue; qu'il y a aussi des rois pourceaux et des cochons royaux; que le roi peut envier le porc; et que les possibilités de la non-vie changeront toujours de façon douloureuse pour s'adapter aux embarras particuliers de la vie vécue.

A dix-sept ans, il déclare : « Je ne désire plus qu'une chose, c'est d'aller passer toute ma vie dans un vieux château en ruine au bord de la mer. »

A dix-huit ans, il écrit : « Je crois que j'ai été transplanté par les vents dans ce pays de boue. [...] J'étais né pour être empereur de Cochinchine, pour fumer dans des pipes de 36 toises, pour avoir 6 000 femmes et 1 400 bardaches. » Mais, au lieu de ça, déplacé par un hasard météorologique, il n'a « rien que des désirs immenses et insatiables, un ennui atroce, et des bâillements continus »!

A dix-neuf ans, il pense que, lorsqu'il aura fini ses études de droit, « il se pourra bien que je m'en aille me faire Turc en Turquie, ou muletier en Espagne, ou conducteur de chameaux en Egypte. »

A vingt ans, il veut toujours devenir muletier, mais cette fois l'Espagne s'est réduite à l'Andalousie. Il y a d'autres carrières possibles, comme « *lazzarone* de Naples ou seulement conducteur de la diligence qui va de Nîmes à Marseille ». Mais tout cela est-il assez exceptionnel pour lui? La facilité avec laquelle même les bourgeois voyagent aujourd'hui, « n'est-ce pas à faire crever ceux qui portent le Bosphore dans leur âme »?

A vingt-quatre ans, après la mort de son père et de sa sœur, il envisage ce qu'il ferait si sa mère mourait elle aussi : « Mon plan est fait, je vends tout, et je vais vivre à Rome, à Syracuse ou à Naples. »

Toujours à vingt-quatre ans, se présentant à Louise Colet comme « l'homme de la fantaisie, du caprice, du décousu », il affirme : « J'ai songé longtemps, et *très sérieusement*, à aller me faire renégat à Smyrne. » Mais, continue-t-il, « à quelque jour, j'irai vivre loin d'ici et l'on n'entendra plus parler de moi ». Ce brigandage ottoman n'amuse peut-être guère Louise. Mais, pour l'instant, une fantaisie plus privée apparaît. Si seulement il était libre, il quitterait Croisset et irait vivre avec elle à Paris. Il imagine leur vie commune, leur mariage, une vie « douce et remplie, à travailler ensemble, à nous aimer... » Il imagine qu'ils ont un enfant; il imagine la mort de Louise : « Si tu mourais, je l'élèverais et toute ma tendresse sans doute se reporterait sur lui. » (Hélas, nous n'avons pas la réponse de Louise.) Cependant, l'attrait exotique pour la vie domestique ne dure pas. En l'espace d'un mois, le temps des verbes se fige : « Il me semble que si j'avais été ton mari nous eussions fait bon ménage. Après cela, il est probable que nous nous serions détestés. C'est ordinaire. » Il va de soi que Louise doit être reconnaissante à Gustave de sa perspicacité qui lui a évité une vie si peu satisfaisante.

Ainsi à la place, et toujours à vingt-quatre ans, Gustave et Maxime Du Camp travaillent « sur une carte à un grand voyage en Asie qui devrait durer six ans et nous coûter, de la manière dont il était conçu, 3 millions 600 mille et quelque francs. »

A vingt-cinq ans, il veut être « brahme ». « Leurs danses mystiques, leurs longues chevelures, leur visage ruisselant de beurre sacré. » Il renonce officiellement à être « camaldule, puis renégat, turc. Maintenant, c'est brahman, ou rien du tout, ce qui est plus simple ». Vas-y, ne sois rien, la vie te pousse. Être un porc est très simple.

A vingt-neuf ans, inspiré par Humboldt, il « rêve l'Amérique du Sud. Je voudrais m'en aller vivre dans les savanes, quitter mon affreux pays, n'en plus entendre parler jamais, ni de lui, ni de quoi que ce soit, ni de personne, tant je suis las de tout ce qui m'entoure et de moi-même surtout ».

A trente ans, il rêve – comme il l'a fait toute sa vie – de ses précédentes incarnations, de ses vies secrètes et métempsycotiques aux époques plus intéressantes de Louis XIV, de Néron et de Périclès. Il est sûr d'une incarnation précédente : il était, à un certain moment de l'Empire romain, « directeur de quelque troupe de comédiens ambulants, un de ces drôles qui allaient en Sicile acheter des femmes pour en faire des comédiennes et qui étaient, tout ensemble, professeur, maquereau et artiste ». (La lecture de Plaute a rappelé à Gustave sa vie précédente; elle lui a donné *le frisson historique**.) Nous devons noter également l'ascendance secrète de Gustave : il aimait prétendre avoir du sang de Peau-Rouge dans les veines. Il ne semble pas que ce soit vrai, bien qu'un de ses ancêtres ait émigré au Canada au XVIIe siècle et soit devenu chasseur de castors.

Toujours à trente ans, il imagine une vie apparemment probable mais qui se révèle également être une non-vie. « Bouilhet et moi, nous avons passé toute notre soirée de dimanche à nous faire des tableaux anticipés de notre décrépitude. Nous nous voyions vieux, à l'hospice des incurables, balayant les rues et dans nos habits tachés, parlant du temps d'aujourd'hui et de notre promenade à La Roche-Guyon. » Cette sénilité dont ils se moquaient, ils ne l'ont jamais atteinte : Bouilhet est mort à quarante-huit ans, Flaubert à cinquante-huit.

A trente et un ans, il dit à Louise – une parenthèse d'hypothèse : « J'aurais eu un fils, que j'aurais pris grand plaisir à lui procurer des femmes. »

Également à trente et un ans il parle à Louise d'un écart bref et pas du tout caractéristique : « Sais-tu où m'a mené la mélancolie de tout cela, et quelle envie elle m'a donnée? Celle de foutre là, à tout jamais, la littérature, de ne plus rien faire du tout, et d'aller vivre avec toi, en toi, et de reposer ma tête entre tes seins au lieu de me la masturber sans cesse, pour en faire éjaculer des phrases. » Mais cela n'est aussi que pour le frisson : le récit est au passé comme quelque chose que, dans un moment de faiblesse, Gustave s'est vu faire de façon fugitive. Il aura toujours la tête plutôt entre ses mains qu'entre les seins de Louise.

A trente-deux ans, il fait un aveu à Louise Colet : « Ah! C'est que j'ai passé bien des heures de ma vie à me meubler des palais! à rêver des livrées, *pour quand* j'aurais un million de rentes! Je me suis vu aux pieds des cothurnes sur lesquels il y avait des étoiles de diamant! J'ai entendu hennir sous des perrons imaginaires des attelages qui feraient crever l'Angleterre de jalousie. – Quels festins! Quel service de table! Comme c'était servi! et bon! Les fruits des pays de toute la terre débordaient dans des corbeilles faites de leurs feuilles! On servait les huîtres avec le varech, et il y avait tout autour de la salle à manger un espalier de jasmins en fleur où s'ébattaient des bengalis. » Mais cela, avec un million de rentes, n'était qu'un rêve bon marché. Du Camp raconte les projets de Gustave. « Il avait employé bien des heures à combiner ce qu'il appelait « un hiver à Paris », fantaisie prodigieuse dans laquelle il avait mêlé les monstruosités de l'Empire romain, les élégances de la Renaissance, les féeries des *Mille et Une Nuits.* Il prétendait avoir fait un calcul approximatif et disait : « Ce serait l'affaire d'une douzaine de milliards, tout au plus! » Ces songeries s'emparaient de lui, l'immobilisaient et lui donnaient l'apparence d'un mangeur d'opium emporté dans sa vision. Il vivait au-dessus des nuages, la tête dans un rêve d'or. C'est là une des causes qui lui faisaient le travail si pénible. »

A trente-cinq ans, il révèle : « Mon rêve (à moi) est d'acheter un petit palais à Venise sur le grand canal. » Quelques mois plus tard, il ajoute à la liste des propriétés qui sont dans sa tête « des kiosques sur le Bosphore ». A nouveau, quelques mois plus tard, « j'ai idée que je retournerai plus tard en Orient, que j'y resterai et que j'y mourrai ». Le peintre Camille Rogier, qui vit à Beyrouth, l'a invité. Il pourrait y aller; comme ça. Il pourrait; mais il n'y va pas.

A trente-cinq ans, cependant, la vie secrète, la non-vie, commence à s'éteindre. La raison en est claire : la vraie vie a vraiment commencé. Gustave avait trente-cinq ans quand son roman *Madame Bovary* est sorti en volume. Les fantaisies ne sont plus nécessaires; ou, plus exactement, on a besoin maintenant de fantaisies différentes, particulières, pratiques. Pour le monde il jouera l'ermite de Croisset; pour ses amis à Paris, il jouera l'idiot des salons; pour George Sand, il jouera le révérend père Cruchard, un jésuite à la mode qui aimait entendre les confessions des femmes; pour son cercle intime, il jouera saint Polycarpe, cet obscur évêque de Smyrne, qui fut martyrisé juste à temps à quatre-vingt-quinze ans et qui annonça Flaubert car il avait l'habitude de se boucher les oreilles en s'écriant : « Dans quel siècle, mon Dieu, m'avez-vous fait naître ! » Mais ces identités ne sont plus des alibis hauts en couleur vers lesquels il peut s'échapper; ce sont des jouets, des vies alternatives publiées avec l'autorisation de l'auteur.

Il ne s'enfuit pas pour devenir bandit à Smyrne; à la place, il demande à l'utile évêque de Smyrne de vivre dans sa peau. Il ne devient pas dompteur de bêtes sauvages, mais dompteur de vies sauvages. La pacification de la vie secrète est achevée : l'écriture peut commencer.

10

Le réquisitoire

Pourquoi voulons-nous connaître le pire? Est-ce parce que connaître le meilleur nous fatigue? La curiosité agit-elle toujours contre notre intérêt? Ou est-ce, plus simplement, que vouloir connaître le pire est la perversion préférée de l'amour?

Pour certains, cette curiosité opère comme une fantaisie sinistre. J'ai eu un patient, un homme respectable, sans imagination, qui m'a avoué que lorsqu'il faisait l'amour avec sa femme il aimait se la représenter heureuse, allongée sous des hidalgos farouches, des lascars mielleux ou des nains fouineurs. Choque-moi, réclame l'imagination, épouvante-moi. Pour d'autres la recherche est réelle. J'ai connu des gens qui, dans leur couple, étaient fiers de la conduite vulgaire de l'autre : chacun étant en quête de la folie de l'autre, de sa vanité, de sa faiblesse. Que poursuivaient-ils? Quelque chose qui, à l'évidence, était au-delà de ce qu'ils semblaient rechercher. Peut-être la confirmation définitive que l'humanité tout entière était corrompue de façon indéracinable, que la vie elle-même n'était en fait qu'un cauchemar dans la tête d'un imbécile?

J'aimais Ellen, et je voulais connaître le pire. Je ne l'ai jamais provoquée; je restais prudent et sur la défensive, comme à mon habitude; je ne lui posais même pas de questions; mais je voulais connaître le pire. Ellen ne m'a jamais rendu cette caresse. Elle m'aimait – elle aurait dit automatiquement, comme si la question ne valait pas la peine qu'on en parle, qu'elle m'aimait –, pourtant elle croyait sans discuter à ce qu'il y avait de mieux en moi. C'était toute la différence. Elle ne recherchait même pas ce panneau coulissant qui ouvre la chambre secrète du cœur, la chambre où l'on garde les souvenirs et les cadavres. Parfois, on trouve le panneau, mais il ne s'ouvre pas; parfois, il s'ouvre et le regard ne rencontre que le squelette d'une souris. Mais au moins on a regardé. C'est là que réside la véritable différence entre les gens : ce n'est pas entre ceux qui ont des secrets et ceux qui n'en ont pas, mais entre ceux qui veulent savoir et ceux qui ne veulent pas. Je soutiens que cette recherche est un signe d'amour.

C'est pareil avec les livres. Pas exactement, bien sûr (ça ne l'est jamais); mais semblable. Si l'on aime vraiment l'œuvre d'un écrivain, si l'on tourne la page avec approbation tout en ne se plaignant pas d'être interrompu, alors on a tendance à aimer l'auteur à la légère. Un brave type, pense-t-on. Un homme bien. On dit qu'il a étranglé toute une bande de Louveteaux et qu'il a donné les corps à dévorer à une bande de carpes? Oh non, je suis sûr qu'il n'a pas fait ça : un homme bien, un brave type. Mais quand on aime vraiment un écrivain, si l'on dépend du goutte à goutte de son intelligence, si l'on veut le chercher et le trouver – malgré toutes les preuves du contraire –, alors il est impossible d'en savoir trop. On recherche aussi le vice. Une bande de Louveteaux, hein? Vingt-sept ou vingt-huit? Et a-t-il cousu leurs foulards ensemble pour faire une couverture en patchwork? Est-il vrai qu'en montant à l'échafaud il a cité le livre de Jonas? Et qu'il a légué son bassin de carpes aux scouts locaux?

Mais voici la différence. Avec un amant ou avec une femme, quand on découvre le pire – que ce soit une infidélité, un manque d'amour, de la folie ou un désir de suicide –, on est presque soulagé. La vie est comme je le pensais; célébrerons-nous cette déception? Avec un écrivain qu'on aime, l'instinct est de le défendre. C'est ce que je voulais dire plus haut : l'amour pour un écrivain est peut-être la forme la plus pure et la plus forte d'amour. Et on ne le défend que plus aisément. Le point principal, c'est que les carpes sont une espèce menacée et chacun sait que la seule nourriture qu'elles acceptent si l'hiver a été particulièrement rigoureux et si le printemps a été humide avant la Saint-Ourson, c'est du jeune Louveteau haché. Bien sûr, il savait qu'il serait pendu mais il savait aussi que l'humanité n'est pas une espèce menacée et il avait calculé que vingt-sept (vous avez dit vingt-huit?) Louveteaux plus un auteur assez connu (il a toujours été d'une modestie ridicule sur son talent) était un prix peu élevé pour la survie de toute une race de poissons. Voyons les choses à long terme : avons-nous besoin d'autant de Louveteaux? Ils auraient seulement grandi et seraient devenus des scouts. Et si vous êtes toujours embourbé dans le sentimentalisme, considérez ceci : le prix d'entrée payé jusqu'ici par les visiteurs du bassin des carpes a déjà permis aux scouts de construire et de réparer plusieurs salles paroissiales de la région.

Aussi continuez. Lisez l'acte d'accusation. Je m'y attendais. Mais n'oubliez pas ceci : Gustave est déjà allé dans le box des accusés. Combien y a-t-il de délits cette fois?

1. *Il haïssait l'humanité.*

Oui, oui, bien sûr. C'est ce qu'on dit toujours. Je vous donnerai deux sortes de réponses. Commençons avec les choses fondamentales. Il aimait sa mère : cela ne réchauffe-t-il pas votre cœur stupide et sentimental du XXe siècle? Il aimait son père. Il aimait sa sœur. Il aimait sa nièce. Il aimait ses amis. Il admirait certaines personnes. Mais son affection était toujours spécifique; il ne la donnait pas à n'importe qui. Cela me semble suffisant. Vous en voulez plus? Vous voulez qu'il « aime l'humanité », qu'il pelote l'espèce humaine? Mais cela ne veut rien dire. Aimer l'humanité ne veut dire ni plus ni moins qu'aimer la pluie ou la Voie lactée. Vous dites que vous aimez l'humanité? Êtes-vous bien sûr de ne pas vous considérer avec un peu trop d'autosatisfaction, de ne pas rechercher l'approbation, de ne pas tout faire pour être du bon côté?

Deuxièmement, même s'il haïssait l'humanité – je préférerais dire, si elle le laissait froid –, avait-il tort? Manifestement vous êtes emballé par l'humanité : pour vous ce ne sont que d'habiles systèmes d'irrigation, des œuvres missionnaires et de la micro-électronique. Pardonnez-lui d'avoir vu les choses différemment. Il est évident que nous allons devoir en parler plus longuement. Mais laissez-moi d'abord citer un de vos sages du XXe siècle : Freud. Ce n'est pas, vous en conviendrez, quelqu'un qui agissait dans un but intéressé. Voulez-vous savoir comment il estimait l'espèce humaine dix ans avant sa mort? « Au plus profond de mon cœur, je ne peux m'empêcher d'être convaincu que mes chers compagnons, à part de rares exceptions, ne valent rien. » Cela de la part de l'homme dont la plupart des gens, dans la plus grande partie de ce siècle, ont pensé qu'il avait le mieux compris le cœur humain. C'est un peu gênant, vous ne trouvez pas?

Mais il est temps pour vous d'être plus précis.

2. *Il haïssait la démocratie.*

La démocrasserie *, comme il l'appelait dans une lettre à Taine. Laquelle préférez-vous : la démocrachierie ou la démocrasseuphorie [1]. Il est vrai que cela ne l'impressionnait pas du tout. On ne doit pas en conclure qu'il préférait la tyrannie, ou la monarchie absolue ou la monarchie bourgeoise, ou le totalitarisme bureaucratique, ou l'anarchie, ou tout ce que vous voulez. Son modèle préféré de gouvernement était le système chinois, celui du mandarinat; cependant il reconnaissait que les possibilités de

1. En anglais suite de jeux de mots, sur le modèle de Flaubert : *democrappery, democrassness,* et même *democrappiness* (*happiness* = bonheur, mais *crap :* merde ou connerie). (*N.d.T.*)

l'introduire en France étaient extrêmement limitées. Le mandarinat vous semble un pas en arrière? Mais vous pardonnez à Voltaire son enthousiasme pour la monarchie éclairée; pourquoi ne pas pardonner aussi à Flaubert, un siècle plus tard, son enthousiasme pour l'oligarchie éclairée? Au moins, il n'a pas caressé l'idée d'une république des lettrés, dans laquelle les écrivains étaient plus aptes que n'importe qui à diriger le monde.

Le point principal est le suivant : Flaubert pensait que la démocratie n'était qu'une étape dans l'histoire des gouvernements et il considérait comme une vanité insigne de notre part d'imaginer que la démocratie représentait la meilleure et la plus glorieuse façon pour les hommes de se diriger. Il croyait – ou plutôt il n'a pas manqué de la remarquer – à l'« évolution perpétuelle de l'humanité » et, par conséquent, à l'évolution de ses formes sociales. « La démocratie n'est pas plus le dernier mot de l'humanité que l'esclavage ne l'a été, que la féodalité ne l'a été, que la monarchie ne l'a été, [...] le meilleur [gouvernement], pour moi, c'est celui qui agonise, parce qu'il va faire place à un autre. »

3. *Il ne croyait pas au progrès.*

Pour sa défense, je cite le XXe siècle.

4. *Il ne s'intéressait pas suffisamment à la politique.*

Il ne s'intéressait pas « suffisamment »? Vous admettez au moins qu'il s'y intéressait. Vous suggérez délicatement qu'il n'aimait pas ce qu'il voyait (ce qui est vrai) et que, s'il en avait vu plus, il se serait peut-être finalement rangé à votre avis (ce qui est faux). J'aimerais faire remarquer deux choses, et j'écrirai la première en italiques puisque cela semble être votre mode préféré d'expression : *la littérature inclut la politique et non vice versa.* Ce n'est pas une conception à la mode, ni parmi les écrivains ni parmi les hommes politiques, mais vous me pardonnerez. Les romanciers qui considèrent leur écriture comme un instrument politique me semblent dégrader l'écriture et exalter stupidement la politique. Non, je ne dis pas qu'il devrait leur être interdit d'avoir des opinions politiques ni qu'ils puissent faire des déclarations politiques. Je dis seulement qu'ils devraient appeler cette partie de leur travail du journalisme. L'écrivain qui croit que le roman est la façon la plus efficace de prendre part à l'activité politique est en général un mauvais romancier, un mauvais journaliste et un mauvais politicien.

Du Camp suivait la vie politique avec attention, Flaubert sporadiquement. Lequel préférez-vous? Le premier. Et lequel était le plus grand écrivain? Le dernier. Et quelles étaient leurs idées politiques? Du Camp est devenu un mélioriste léthargique; Flaubert est resté un « libéral enragé ». Vous êtes surpris? Mais même si Flaubert s'était décrit comme un mélioriste léthargique, je dirais la même chose : quelle étrange vanité pour le présent de s'attendre à ce que le passé lui lèche les bottes! Le présent regarde quelque grande figure d'un siècle précédent et se demande : Était-il de notre côté? Était-ce un brave mec? Quel manque de confiance cela implique : le présent veut à la fois patronner le passé en décidant s'il est acceptable sur le plan politique et il veut aussi que le passé le flatte, l'encourage et lui dise de continuer dans le bon chemin. Si c'est ce que vous entendez lorsque vous dites que M. Flaubert « ne s'intéressait pas suffisamment » à la politique, alors j'ai peur que mon client soit obligé de plaider coupable.

5. *Il était contre la Commune.*

Eh bien, ce que je viens de dire ci-dessus forme une partie de la réponse. Mais il y a aussi cette considération, cette incroyable faiblesse de caractère de mon client : il était absolument opposé à ce que des gens s'entre-tuent. Appelez ça excès de délicatesse, mais il était effectivement contre. Lui-même, il n'a jamais tué personne, je dois le reconnaître; en fait, il n'a même jamais essayé. Il promet de faire mieux à l'avenir.

6. *Il n'était pas patriote.*

Permettez-moi de rire brièvement. Ah! ah! ça vaut mieux. Je croyais que le patriotisme était aujourd'hui une mauvaise chose. Je croyais qu'il valait mieux trahir son pays que ses amis. N'est-ce pas ainsi? Est-ce que les choses se sont à nouveau renversées? Qu'attend-on que je dise? Le 22 septembre 1870 Flaubert s'est acheté un revolver; à Croisset, il faisait faire l'exercice à ses hommes dépenaillés; il leur faisait faire également des patrouilles de nuit; il leur dit de le tuer s'il s'enfuyait. Quand les Allemands sont arrivés, il ne pouvait raisonnablement plus faire grand-chose, sauf veiller sur sa mère très âgée. Il aurait peut-être pu s'engager dans le service médical de l'armée, mais aurait-on réagi avec enthousiasme à la demande d'un homme de quarante-huit ans, épileptique et syphilitique, sans aucune expérience des armes sauf celle acquise en tuant des animaux dans le désert...

7. *Il a tué des animaux dans le désert.*

Oh! Mon Dieu! Nous plaidons *noli contendere.* Et en outre, je n'ai pas fini avec la question du patriotisme. Puis-je vous parler brièvement de la nature du romancier? Quelle est la chose la plus facile, la plus confortable pour un écrivain? De féliciter la société dans laquelle il vit : d'admirer ses biceps, d'applaudir ses progrès, de la taquiner de façon affectueuse à propos de ses sottises. « Je suis autant chinois que français », a déclaré Flaubert. Il n'est pas *plus* chinois : s'il était né à Pékin, il aurait sans doute déçu aussi les patriotes de là-bas. La plus haute forme de patriotisme c'est de dire à son propre pays quand il se conduit de façon déshonorante, sotte ou mauvaise. L'écrivain doit être universel dans sa sympathie et exilé par nature : ce n'est que dans ces conditions qu'il peut voir clairement. Flaubert se met toujours du côté des minorités avec « le Bédouin, l'hérétique, le philosophe, le solitaire, le poète ». En 1867, quarante-trois bohémiens installent leur camp Cours-la-Reine et suscitent beaucoup de haine parmi les Rouennais. Flaubert se réjouit de leur présence et leur donne de l'argent. Vous voudrez sans doute le féliciter. S'il avait su que cela lui vaudrait l'approbation de l'avenir, il aurait probablement gardé son argent.

8. *Il ne s'est pas engagé dans la vie.*

« Tu peindras le vin, l'amour, les femmes, la gloire, à condition, mon bonhomme, que tu ne seras ni ivrogne, ni amant, ni mari, ni tourlourou. Mêlé à la vie, on la voit mal, on en souffre ou on en jouit trop. » Ce n'est pas un homme coupable qui se défend, il se plaint de ce que l'accusation est mal exprimée. Qu'entendez-vous par vie? Politique? Nous en avons déjà parlé. La vie affective? Par sa famille, ses amis et ses maîtresses, Gustave a connu toutes les stations du chemin de croix. Vous parlez peut-être de mariage? Un curieux sujet de plainte, même s'il n'est pas nouveau. Le mariage produit-il de meilleurs romans que le célibat? Les écrivains qui ont une descendance sont-ils meilleurs que ceux qui sont sans enfants? J'aimerais voir vos statistiques.

La vie la meilleure, pour un écrivain, est celle qui lui permet d'écrire les meilleurs livres qu'il peut écrire. Sommes-nous sûrs que notre jugement en la matière soit plus fondé que le sien? Flaubert était plus « engagé » dans la vie, pour reprendre votre terme, que beaucoup : par comparaison, Henry James était une nonne. Flaubert a peut-être essayé de vivre dans une tour d'ivoire...

8 a. *Il a essayé de vivre dans une tour d'ivoire.*

... mais il a échoué : « J'ai toujours tâché de vivre dans une tour d'ivoire; mais une marée de merde en bat les murs, à la faire crouler. »

On doit souligner trois choses. La première c'est que l'écrivain choisit – autant qu'il le peut – l'étendue de ce que vous appelez l'engagement dans la vie : malgré sa réputation, Flaubert occupait une position mitigée. « Y a-t-il une chanson de table qui ait été écrite par un homme ivre? » Cela, il le savait. D'un autre côté, ce n'est pas non plus par l'antialcoolique. Il le dit mieux peut-être quand il écrit : « J'entends seulement que nous ne devons entrer dans la Vie réelle que jusqu'au nombril. »

Deuxièmement, quand les lecteurs se plaignent de la vie des écrivains – pourquoi n'a-t-il pas fait ceci; pourquoi n'a-t-il pas protesté dans les journaux à propos de cela; pourquoi ne s'est-il pas plus engagé dans la vie? –, ne posent-ils pas en fait une question plus simple et plus vaine : pourquoi ne nous ressemblent-ils pas plus? Mais, si un écrivain ressemblait plus à un lecteur, il serait lecteur pas écrivain : ce n'est pas plus compliqué que ça.

Troisièmement, quelle est la force du grief en ce qui concerne les livres? On peut présumer que le regret, que Flaubert ne fût pas plus engagé dans la vie, n'est pas seulement un vœu philanthropique à son égard : si seulement ce vieux Gustave avait eu une femme et des gosses, aurait-il été moins maussade envers tout le batacian? Si seulement il s'était occupé de politique ou de bonnes œuvres ou s'il était devenu membre du conseil d'administration de son école, serait-il sorti de lui-même? Vous pensez sans doute qu'il y a des fautes dans les livres qui auraient pu être corrigées par un changement dans la vie de l'écrivain. Si cela est vrai, je crois que c'est à vous de les faire connaître. Personnellement, je n'arrive pas à imaginer que, par exemple, dans *Madame Bovary,* il manque un aspect particulier à la description des mœurs de province auquel l'écrivain aurait pu remédier si chaque soir il avait vidé des chopes de cidre avec quelque *bergère* * normande souffrant de la goutte.

9. *Il était pessimiste.*

Ah! Je commence à voir où vous voulez en venir. Vous souhaiteriez que ses livres soient un peu plus réconfortants, un peu plus... comment dire, qu'ils mettent plus en valeur la beauté de la vie? Vous avez une conception de la littérature vraiment curieuse. Est-ce votre doctorat de philosophie de Bucarest? Je ne savais pas qu'il fallait défendre les écrivains d'avoir été pessimistes. C'est nouveau. Je refuse. Flaubert disait : « Il n'y a pas en littérature de bonnes intentions. » Il a aussi écrit : « Le public veut des œuvres qui flattent ses illusions. »

10. *Il n'a enseigné aucune vertu positive.*

Maintenant vous vous avancez à visage découvert. C'est donc ainsi que nous allons juger nos écrivains – sur leurs « vertus positives »? Très bien, je vais entrer dans votre jeu : c'est ce qu'on doit faire dans un tribunal. Prenez tous les procès pour obscénité de *Madame Bovary* jusqu'à *L'Amant de lady Chatterley*. Il y a toujours dans la défense une façon de jouer le jeu, une sorte d'acquiescement. Certains pourront appeler ça de l'hypocrisie tactique. (Ce livre est-il excitant? Non, monsieur le président, nous affirmons qu'il aurait un effet émétique et non un effet érotique sur n'importe quel lecteur. Ce livre encourage-t-il l'adultère? Non, monsieur le président, regardez comment la misérable pécheresse qui s'abandonne à cette vie dissipée est punie à la fin. Ce livre attaque-t-il le mariage? Non, monsieur le président, il peint un mariage infâme et sans espoir afin que les autres sachent que ce n'est qu'en observant les principes chrétiens que leur propre mariage sera heureux. Le livre est-il blasphématoire? Non, monsieur le président, la pensée du romancier est chaste.) Bien sûr, comme argument de tribunal, cela a réussi; mais parfois je ressens un peu d'amertume dans le fait qu'un avocat, quand il défendait une véritable œuvre littéraire, ne construisait pas sa plaidoirie sur le défi. (Ce livre est-il aguichant? Monsieur le président, nous l'espérons bien. Encourage-t-il l'adultère et attaque-t-il le mariage? Tout à fait, monsieur le président, c'est *exactement* ce qu'essaie de faire mon client. Ce livre est-il blasphématoire? Pour l'amour du Christ, monsieur le président, ça crève les yeux comme le pagne de la crucifixion. En clair, monsieur le président : mon client pense que la plupart des valeurs de la société dans laquelle il vit puent, et il espère avec ce livre promouvoir la fornication, la masturbation, l'adultère, la lapidation des prêtres et, puisque nous avons la chance de retenir temporairement votre attention, monsieur le président, la pendaison des juges corrompus par les lobes des oreilles. La défense en restera là.)

Rapidement : Flaubert apprend à regarder la vérité en face sans fermer les yeux devant ses conséquences; il apprend avec Montaigne, qu'« il faut s'endormir sur l'oreiller du doute ». Il apprend à séparer les parties qui constituent la réalité et à observer que la Nature est toujours un mélange des genres; il apprend à ne pas aborder un livre en recherchant des pilules morales ou sociales – la littérature n'est pas une pharmacopée; il apprend la prééminence de la Vérité, de la Beauté, du Sentiment et du Style. Et, si l'on étudie sa vie privée, il apprend le courage, le stoïcisme, l'amitié; l'importance de l'intelligence, du scepticisme et de l'esprit; la sottise du patriotisme de pacotille; la vertu de rester seul dans une chambre; la haine de l'hypocrisie; la méfiance à l'égard des idéologues; la nécessité de la franchise. Est-ce ainsi que vous aimez qu'on décrive les auteurs (quant à moi, cela m'est égal)? Est-ce suffisant? C'est tout pour le moment : il semble que j'embarrasse mon client.

11. *C'était un sadique.*

Niaiseries. Mon client était un tendre. Citez-moi une seule chose sadique, ou simplement cruelle, qu'il ait faite dans sa vie. Je vais vous dire la chose la plus dure que je connaisse sur lui : il a été grossier avec une femme dans une soirée, et cela sans raison. Quand on lui a demandé pourquoi, il a répondu : « Parce qu'elle voulait venir dans mon cabinet de travail. » C'est la pire chose que je connaisse sur lui. Sauf si on compte la nuit en Turquie quand il a essayé de coucher avec une prostituée alors qu'il avait la syphilis. Je reconnais que ce n'était pas honnête. Mais il n'a pas réussi : la fille, suivant les précautions normales de sa profession, a demandé à l'examiner et, quand il a refusé, elle l'a envoyé promener.

Il avait lu Sade, bien sûr. Quel écrivain français cultivé ne l'a pas fait? J'ai l'impression qu'il est très populaire parmi les intellectuels parisiens. Mon client a dit aux frères Goncourt que Sade était « la bêtise la plus amusante que j'ai rencontrée ». Il conservait quelques souvenirs affreux, c'est vrai; il aimait raconter des horreurs; il y a des passages corsés dans ses premières œuvres. Mais vous dites qu'il avait « une imagination sadienne »? Je suis intrigué. Vous précisez : *Salammbô* contient des scènes d'une violence choquante. Je réponds : pensez-vous qu'elles n'ont pas eu lieu? Pensez-vous que le monde antique n'était que pétales de roses, musique de luth, et cuves de miel fermées à la graisse d'ours?

11 a. *Il y a dans ses livres des quantités d'animaux massacrés.*

Ce n'est pas Walt Disney, non. Je suis d'accord, la cruauté l'intéressait. Tout l'intéressait. Comme il y a eu Sade, il y a eu Néron. Mais écoutez ce qu'il dit d'eux : « Ces monstres-là expliquent pour moi l'histoire. » Je dois ajouter qu'à l'époque il a dix-sept ans. Et permettez-moi de vous donner une autre citation : « J'aime les vaincus, mais j'aime aussi les vainqueurs. » Comme je l'ai dit, il essaie d'être autant chinois que français. Il y a un tremblement de terre à Leghorn : il ne pousse pas des cris de douleur. Il a autant de sympathie pour ces victimes que pour les esclaves qui sont morts des siècles plus tôt en faisant tourner la meule de quelque tyran. Cela vous choque? Cela s'appelle avoir une imagination historique. Cela s'appelle être un citoyen, pas seulement du monde, mais de toutes les époques. C'est ce que Flaubert a décrit comme étant « le frère en Dieu de tout ce qui vit, de la girafe et du crocodile comme de l'homme ». Cela s'appelle être un écrivain.

12. *Il était brutal envers les femmes.*

Les femmes l'aimaient. Il appréciait leur compagnie; elles appréciaient la sienne; il était galant; il aimait flirter; il couchait avec elles. Simplement, il ne voulait pas les épouser. Est-ce un péché? Certains de ses comportements sexuels étaient ceux de son temps et de sa classe; qui alors, au XIXe siècle, échappera au châtiment? Au moins, en ce qui concerne les relations sexuelles, il était pour la franchise: d'où sa préférence pour la prostituée sur la *grisette* *. Une telle franchise lui attira plus d'ennuis que ne lui en eût causé l'hypocrisie – avec Louise Colet par exemple. Quand il lui disait la vérité cela ressemblait à de la cruauté. C'était un vrai fléau, vous ne trouvez pas? (Laissez-moi répondre à ma propre question. Je pense que c'était un fléau; elle a l'air d'un fléau; cependant, il est vrai que nous ne connaissons que la version de Gustave. Quelqu'un devrait peut-être écrire son histoire: oui, pourquoi ne pas reconstituer la version de Louise Colet? Je devrais le faire. Oui, je vais le faire.)

Si je puis dire, un grand nombre de vos chefs d'accusation peuvent être classés sous le seul titre de chapitre: « Il ne nous aurait pas aimés s'il nous avait connus. » A cela, il aurait été enclin à plaider coupable; ne serait-ce que pour voir l'expression de nos visages.

13. *Il croyait en la Beauté.*

Je pense que j'ai quelque chose dans l'oreille. Sans doute un peu de cérumen. Laissez-moi me serrer le nez et souffler pour me décoller les tympans.

14. *Il était obsédé par le style*

Vous dites n'importe quoi. Pensez-vous encore, comme le dit Jules César de la Gaule, que le roman se divise en trois parties – l'idée, la forme et le style? Alors vous faites vos premiers pas timides dans la fiction. Vous voulez quelques maximes pour écrire? Très bien. La forme n'est pas un manteau jeté sur la chair de la pensée (cette ancienne comparaison, ancienne à l'époque de

Flaubert); c'est la chair de la pensée elle-même. On ne peut pas plus imaginer une idée sans forme qu'une forme sans idée. Tout en art dépend de l'exécution : l'histoire d'un pou peut être plus belle que celle d'Alexandre. Il faut donc écrire comme on sent, être sûr qu'on sent bien et se foutre de tout le reste sur la terre. Quand un vers est bon, il perd son école. Une bonne phrase de prose doit être comme un bon vers, *inchangeable,* aussi rythmée, aussi sonore. S'il vous arrive de bien écrire, on vous accuse de n'avoir pas d'idées.

Toutes ces maximes sont de Flaubert, sauf une qui est de Bouilhet.

15. *Il ne croyait pas que l'art eût un but social.*

Non, il ne le croyait pas. C'est lassant. « Que ferons-nous? » lui écrivit George Sand. « Toi, à coup sûr, tu vas faire de la désolation et moi de la consolation. » A quoi Flaubert répondit : « Je ne peux pas changer mes yeux. » « Les livres ne se font pas comme les enfants, mais comme les pyramides, avec un dessin prémédité [...] et ça ne sert à rien! et ça reste dans le désert! mais en le dominant prodigieusement. Les chacals pissent au bas et les bourgeois montent dessus, etc.; continue la comparaison. » Voulez-vous que l'art soit un guérisseur? Appelez l'AMBULANCE GEORGE-SAND. Voulez-vous que l'art dise la vérité? Appelez l'AMBULANCE FLAUBERT : aussi ne soyez pas surpris, quand elle arrivera, si elle vous roule sur la jambe. Écoutez Auden : « La poésie ne fait rien arriver. » N'imaginez pas que l'art soit quelque chose ayant pour but de soutenir et d'assurer. L'art n'est pas un soutien-gorge.

11

La version de Louise Colet

Maintenant, écoutez mon histoire. J'insiste. Prenez mon bras, comme ça, et marchons. J'ai des histoires à vous raconter; vous allez les aimer. Nous suivrons le quai et nous traverserons sur le pont – non, le second –, nous prendrons peut-être un cognac quelque part, nous attendrons que les lampes à gaz baissent, puis nous rentrerons. Venez, vous n'avez quand même pas peur de moi? Alors pourquoi ce regard? Vous pensez que je suis une femme dangereuse? Eh bien, c'est une forme de flatterie – j'accepte le compliment. Ou peut-être... peut-être est-ce ce que j'ai à *dire* qui vous effraie? Ah! ah! c'est trop tard. Vous m'avez pris le bras; vous ne pouvez plus l'abandonner. Après tout, je suis plus âgée que vous. Vous devez me protéger.

Je n'ai aucun intérêt à calomnier. Laissez descendre vos doigts sur mon avant-bras; oui, là, maintenant tâtez mon pouls. Je ne cherche pas à me venger ce soir. Certains amis me disent, Louise, tu dois répondre au feu par le feu, au mensonge par le mensonge. Mais je ne le veux pas. Bien sûr, j'ai menti, de mon temps, j'ai – quel est le mot qu'aime votre sexe? – intrigué. Mais les femmes intriguent quand elles sont faibles, elles mentent par peur. Les hommes intriguent quand ils sont forts et mentent par arrogance. Vous n'êtes pas d'accord? Je ne parle qu'à partir de mes observations; les vôtres sont peut-être différentes, je vous l'accorde. Mais vous voyez comme je suis calme? Je suis calme parce que je me sens forte. Et – qu'est-ce que c'est? Peut-être que, si je suis forte, je pourrai intriguer comme un homme? Allons, restons simple.

Je n'avais pas besoin de Gustave dans ma vie. Regardez les faits. J'avais trente-cinq ans, j'étais belle, j'étais... célèbre. J'avais d'abord conquis Aix puis Paris. J'avais remporté deux fois le prix de poésie de l'Académie. J'avais traduit Shakespeare. Victor Hugo m'appelait *sœur,* Béranger *Muse.* Quant à ma vie privée : mon mari était respecté dans sa profession; mon... protecteur était le philosophe le plus brillant de sa génération. Vous n'avez pas lu Victor Cousin? Vous devriez. Un esprit fascinant. Le seul homme qui ait vraiment compris Platon. Un ami de votre philosophe, M. Mill; et puis, il y avait – ou il y allait avoir bientôt – Musset, Vigny, Champfleury. Je ne me vante pas de mes conquêtes; ce n'est pas nécessaire. Mais vous voyez ce que je veux dire. J'étais la chandelle; il était le papillon. La maîtresse de Socrate daigna poser son sourire sur le poète inconnu. J'étais sa proie; il n'était pas la mienne.

Nous nous sommes rencontrés chez Pradier. Je voyais la banalité de tout cela; lui, bien sûr, ne le pouvait pas. L'atelier du sculpteur, la conversation à bâtons rompus, le modèle dévêtu, le mélange de trois quarts et de demi-monde. Tout cela m'était familier (quelques années plus tôt seulement, j'avais dansé là avec un étudiant en médecine guindé, du nom d'Achille Flaubert). Et bien sûr, je n'étais pas là comme spectatrice; j'étais venue poser pour Pradier. Et Gustave? Je ne veux pas être méchante, mais quand je l'ai vu pour la première fois, j'ai su tout de suite qui il était : la grande perche de provincial, satisfait de se retrouver enfin dans le monde artistique. Je sais comment ils parlent, en province, avec un mélange de fausse assurance et de vraie peur : « Va chez Pradier, mon garçon, tu y trouveras toujours une petite actrice pour en faire ta maîtresse, et elle aussi te sera reconnaissante. » Et le garçon de Toulouse, de Poitiers, de Bordeaux ou de Rouen, toujours angoissé par le long voyage jusqu'à la capitale, a la tête qui s'emplit de mondanités et de plaisirs. Vous voyez, je *comprenais,* parce que moi-même j'avais été une provinciale. J'étais venue d'Aix une douzaine d'années plus tôt. Je venais de loin; et j'étais capable de reconnaître chez les autres les marques du voyage.

Gustave avait vingt-quatre ans. Pour moi, l'âge ne compte pas; ce qui importe c'est l'amour. Je n'avais pas besoin de Gustave dans ma vie. Si j'avais été à la recherche d'un amant – j'admets que la fortune de mon mari n'était pas des plus brillantes et mon amitié avec le philosophe était un peu agitée à l'époque – je n'aurais pas choisi Gustave. Mais je n'avais pas de goût pour les banquiers bien gras. En outre, on ne regarde pas, on ne choisit pas, n'est-ce pas? On est choisie; on est élue à l'amour par un vote secret contre lequel il n'y a pas d'appel.

Je ne rougis pas de notre différence d'âge? Pourquoi devrais-je en rougir? Vous, les hommes, vous êtes si conformistes en amour, vous avez une imagination si provinciale; c'est pourquoi nous devons vous flatter, vous soutenir avec de petits mensonges. J'avais donc trente-cinq ans, Gustave en avait vingt-quatre. Je le dis et je passe. Peut-être ne voulez-vous pas qu'on passe; dans ce cas, je vais répondre à la question que vous ne posez pas. Si vous voulez bien considérer la condition morale du couple qui entame une liaison semblable, vous n'aurez pas besoin d'examiner la mienne. Regardons la situation de Gustave. Pourquoi? Je vais vous donner deux dates. Je suis née en 1810, en septembre, le 15 du mois. Vous vous souvenez de Mme Schlesinger, la femme qui, la première, cicatrisa le cœur adolescent de Gustave, la femme avec qui tout était prédestiné et sans espoir. La femme dont il aimait se vanter furtivement, la femme pour qui il s'était muré le cœur (et vous accusez *notre* sexe de romanesque stérile?). Très bien, j'ai appris que cette

Mme Schlesinger était née elle aussi en 1810, et elle aussi en septembre. Huit jours après moi pour être précise, le 23. Vous voyez?

Vous me regardez d'une façon bien connue. Je vous soupçonne de vouloir me faire dire quel amant était Gustave. Je sais que les hommes parlent de cela avec empressement et un peu de mépris; c'est comme s'ils décrivaient leur dernier repas, plat après plat. Tant de détachement. Les femmes ne sont pas comme ça; ou en tout cas, les détails, les faiblesses sur lesquelles elles s'attardent dans leurs récits sont rarement les choses physiques qu'affectionnent les hommes. Nous recherchons des signes qui nous parlent du caractère – bon ou mauvais. Les hommes ne recherchent que ce qui les flatte. Ils sont si vains au lit, bien plus que les femmes. En dehors, je le reconnais, les sexes se valent.

Je vous répondrai un peu plus librement parce que vous êtes qui vous êtes; et parce que je parle de Gustave. Il avait l'habitude de faire des sermons aux gens, il leur parlait de l'honnêteté de l'artiste, de la nécessité de ne pas parler comme un bourgeois. Alors, si je soulève un peu les draps, il n'a qu'à s'en prendre à lui-même.

Il était ardent, mon Gustave. Dieu sait que ce n'était pas facile de le persuader de venir me retrouver; mais, quand il était là... Quelles qu'aient été les batailles que nous nous sommes livrées, aucune d'elles n'a eu lieu dans la province de la nuit; là, le violent étonnement se mêlait au tendre badinage. Il avait une bouteille d'eau du Mississippi et, disait-il, il voulait la répandre sur ma poitrine pour me donner le baptême de son amour. C'était un jeune homme très fort : une fois, il signa une lettre : « Ton sauvage de l'Aveyron ».

Il avait, bien sûr, l'éternelle illusion des jeunes gens qui croient que les femmes mesurent la passion en comptant le nombre d'assauts au cours d'une seule nuit. Il est exact que nous le faisons dans une certaine mesure : qui pourrait le nier? C'est flatteur, non? Mais ce n'est pas ce qui importe en fin de compte. Au bout d'un certain temps, cela a quelque chose de presque militaire. Gustave avait une façon particulière de parler des femmes qu'il avait possédées. En se rappelant une prostituée qu'il avait fréquentée, rue de la Cigogne, il se vantait d'avoir « tiré cinq coups en elle ». C'était une tournure de phrase qui lui était habituelle. Je trouvais ça vulgaire mais je ne disais rien : ensemble, nous étions artistes, vous comprenez. Cependant, j'ai noté la métaphore. Plus vous tirez de coups dans quelqu'un, plus il a de chance d'être mort à la fin. Est-ce ce que veulent les hommes? Ont-ils besoin d'un cadavre comme preuve de leur virilité? C'est ce dont je les soupçonne et les femmes, avec la logique de la flatterie, se souviennent de s'écrier dans les transports : « Ah! Je meurs! Je meurs! » ou quelque chose du même genre. Après un assaut amoureux, je trouve souvent que c'est là que mon esprit est le plus pénétrant; je vois les choses clairement; je sens que la poésie vient en moi. Mais je sais qu'il y a mieux à faire que d'interrompre le héros avec mes bavardages; j'imite le cadavre satisfait.

Dans la province de la nuit, l'harmonie régnait entre nous. Gustave n'était pas timide. Ni limité dans ses goûts. J'étais – pourquoi serais-je modeste – sans aucun doute la femme la plus belle, la plus connue et la plus désirable avec qui il eût jamais couché (si j'ai eu une rivale, c'était une étrange créature dont je vous parlerai plus tard). Naturellement, il était parfois nerveux devant ma beauté; et, d'autres fois, inutilement content de lui. Je comprenais. Avant moi, il y avait eu des prostituées, bien sûr, des *grisettes* * et des amis. Ernest, Alfred, Louis, Max : la bande d'étudiants; c'est ce que je pensais d'eux. La sodalité confirmée par la sodomie. Non, c'est peut-être injuste; je ne sais pas précisément qui, quand ni quoi; bien que je sache que Gustave n'était jamais lassé des *doubles ententes* * à propos de *la pipe* *. Je sais aussi qu'il ne se lassait jamais de me contempler quand j'étais allongée sur le ventre.

Vous voyez, j'étais différente. Les prostituées n'étaient pas compliquées; les *grisettes* *, on pouvait s'en débarrasser en les payant; les hommes c'était autre chose – l'amitié, même profonde, connaît ses limites. Mais l'amour? La perte de soi? Et une certaine association, une certaine égalité? Il n'a pas osé. J'étais la seule femme par qui il était suffisamment attiré; et la crainte de l'amour l'a fait choisir de m'humilier. Je pense que nous devrions être désolés pour Gustave.

Il m'envoyait des fleurs. Des fleurs particulières; la convention d'un amant non conventionnel. Une fois, il m'envoya une rose. Il l'avait cueillie un dimanche matin à Croisset, dans une haie de son jardin. « Je dépose dessus un baiser, écrivit-il. Mets-la de suite à ta bouche, et puis tu devines où... Adieu, mille tendresses. A toi du soir au matin, du matin au soir. » Qui pourrait résister à de tels sentiments? J'ai déposé un baiser sur la rose et cette nuit-là, au lit, je l'ai mise là où il désirait que je la mette. Au matin, quand je me suis éveillée, à cause des mouvements de la nuit, la rose avait été réduite en fragments. Les draps avaient le parfum de Croisset – cet endroit qui, sans que je le sache encore, me serait interdit; il y avait un pétale entre deux de mes orteils et une fine griffure à l'intérieur de ma cuisse droite. Gustave, passionné et maladroit comme il l'était, avait oublié d'ôter les épines de la tige.

La seconde fleur ne fut pas si heureuse. Gustave partit en voyage en Bretagne. Ai-je eu tort de faire une scène? Trois mois! Il y avait moins d'un an que nous nous étions rencontrés, tout Paris connaissait notre passion et il choisit de partir trois mois en compagnie de Maxime Du Camp! Nous aurions pu être comme George Sand et Chopin; mieux qu'eux! Et Gustave insiste pour disparaître pendant trois mois avec son mignon ambitieux. Ai-je eu tort de faire un scandale? N'était-ce pas une insulte directe, une tentative pour m'humilier? Et pourtant *c'est lui qui a dit*, quand je lui exprimais mes sentiments amoureux en public (je n'ai pas honte de l'amour – pourquoi le devrais-je? Je me déclarerais dans la salle d'attente d'une gare si cela était nécessaire), c'est lui qui a dit que, *moi,* je l'humiliais, *lui.* Vous vous rendez compte! Il m'a repoussée. Sur la dernière lettre qu'il m'a envoyée avant son départ, j'ai écrit *ultima.*

Bien sûr, ce ne fut pas sa dernière lettre. Il n'était pas plus tôt en train d'arpenter ce pays ennuyeux, en faisant semblant de s'intéresser à des châteaux désaffectés et des églises ternes (trois mois!), que j'ai commencé à lui manquer. Les lettres se sont mises à arriver, les excuses, les confessions, les supplications pour que je lui réponde. Il était toujours comme ça. Quand il était à Croisset, il rêvait de sable chaud et du Nil miroitant; quand il était sur le Nil, il rêvait de brouillards humides et de Croisset miroitant. Évidemment, il n'aimait pas vraiment les voyages. Il aimait l'idée du voyage, les souvenirs du voyage, mais pas le voyage lui-même. Pour une fois, je suis d'accord avec Du Camp, qui avait l'habitude de dire que la forme de voyage préférée de Gustave c'était de rester allongé sur un divan tandis que les paysages défilaient devant lui. Et quant à leur fameux voyage en Orient, Du Camp (oui, l'odieux Du Camp, le Du Camp sur qui on ne pouvait pas compter) affirmait que Gustave en avait passé la plus grande partie dans un état de torpeur.

Mais, quoi qu'il en soit, tandis qu'il parcourait cette province sinistre et arriérée avec son compagnon pernicieux, Gustave m'envoya une autre fleur, cueillie près de la tombe de Chateaubriand – une tombe pas encore occupée, mais déjà visitée par les lecteurs. Il écrivait sur le calme de la mer à Saint-Malo, sur le ciel rose, sur la douceur de l'air. Cela fait une jolie scène, vous ne trouvez pas? La tombe romantique sur le promontoire rocheux; le grand homme qui reposerait bientôt ici, la tête vers la mer, écoutant pendant l'éternité les aller et retour de la marée; le jeune écrivain, avec les élans du génie en lui, s'agenouille près de la tombe, il regarde le rose quitter lentement le ciel du soir, il réfléchit – comme les jeunes gens ont l'habitude de le faire – sur l'éternité, l'aspect fugitif de la vie et les consolations de la grandeur, puis il cueille une fleur qui avait espéré saluer la dépouille mortelle de Chateaubriand, et il l'envoie à sa belle maîtresse à Paris... Pouvais-je rester insensible devant un tel geste? Bien sûr que non. Mais je n'ai pu m'empêcher de remarquer qu'une fleur cueillie sur une tombe porte en elle certains échos quand on l'envoie à quelqu'un qui a écrit *ultima* sur une lettre reçue peu de temps avant. Et je n'ai pas pu non plus m'empêcher de remarquer que la lettre de Gustave avait été postée à Pontorson qui se trouve à quarante kilomètres de Saint-Malo. Gustave avait-il cueilli cette fleur pour lui-même et, au bout de quarante kilomètres, en avait-il eu assez? Ou peut-être – je n'ai une telle pensée que parce que mon âme est restée près de l'âme contagieuse de Gustave – l'a-t-il cueillie quelque part ailleurs? A-t-il pensé au geste un peu trop tard? qui peut résister à *l'esprit de l'escalier** même en amour?

Ma fleur – celle dont je me souviens le plus parmi beaucoup d'autres – a été cueillie là où je l'ai dit; dans le parc de Windsor. C'était après ma visite tragique à Croisset et après l'humiliation de ne pas avoir été reçue, après la brutalité, la douleur et l'horreur de tout cela. Vous avez entendu différentes versions, sans aucun doute. La vérité est simple.

Il fallait que je le voie. Il fallait que nous parlions. On ne congédie pas l'amour comme on congédie son coiffeur. Il ne viendrait pas me voir à Paris; aussi je suis allée le voir. J'ai pris le train (au-delà de Mantes, cette fois) pour Rouen. J'ai loué une barque jusqu'à Croisset; dans mon âme l'espoir luttait contre la peur tandis que le vieux rameur luttait contre le courant. Nous avons vu une maison basse et blanche dans le style anglais, tout à fait charmante; une maison riante. Je suis descendue à terre; j'ai poussé la grille de fer; on ne m'a pas laissée aller plus loin. Gustave m'a refusé l'entrée. Quelque vieille mégère de basse-cour m'a chassée. Il ne me verrait pas ici; il condescendait à me voir à mon hôtel. Mon Charon m'a ramenée. Gustave a fait le voyage séparément, en bateau à vapeur. Il nous a doublés sur le fleuve et Gustave est arrivé avant moi. C'était une farce, une tragédie. Nous sommes allés à mon hôtel. J'ai parlé, mais il ne pouvait pas entendre. J'ai parlé d'un bonheur possible. « Pour être heureux, il faut déjà l'être », m'a-t-il répondu. Il ne comprenait pas mon angoisse. Il m'a prise dans ses bras avec une retenue qui était humiliante. Il m'a dit d'épouser Victor Cousin.

Je me suis enfuie en Angleterre. Je ne pouvais plus supporter d'être en France un moment de plus : mes amis m'ont encouragée dans mon projet. Je suis allée à Londres. On m'y a reçue avec bienveillance. On m'a présentée à de nombreux esprits distingués, comme Mazzini; ma rencontre avec la comtesse Guiccioli fut exaltante – nous sommes devenues tout de suite de vraies amies – mais aussi, sur un plan personnel, attristante. George Sand et Chopin, la comtesse Guiccioli et Byron... dirait-on jamais Louise Colet et Flaubert? Je vous l'avoue franchement, j'en ai connu des heures de douce douleur, que j'ai essayé de supporter avec philosophie. Qu'adviendrait-il de nous? Qu'adviendrait-il de moi? Je ne cessais de me demander si c'est un tort d'être ambitieux en amour. Est-ce un tort? Répondez-moi.

Je suis allée à Windsor. Je me souviens de la beauté de la grande tour entourée de lierre. Je me suis promenée au hasard dans le parc et j'ai cueilli un liseron pour Gustave. Je dois vous dire qu'il était toujours grossièrement ignorant à propos des fleurs. Pas sur leur aspect botanique – il a sans doute appris tout cela, comme il a tout appris (sauf le cœur de la femme) – mais leur aspect symbolique. Le langage des fleurs est une langue si élégante : souple, courtoise et précise. Quand la beauté de la fleur correspond à la beauté du sentiment qu'elle est chargée de communiquer... eh bien, c'est un bonheur que l'offre de rubis peut rarement surpasser. Le bonheur est rendu encore plus poignant par le fait que les fleurs fanent. Mais peut-être que, lorsque la fleur fanera, il m'en enverra une autre...

Gustave n'a rien compris à tout cela. C'était le genre de personne qui peut, après beaucoup d'étude, n'avoir retenu que deux phrases du langage des fleurs : le glaïeul qui, quand il est placé au centre d'un bouquet, peut indiquer par le nombre de ses fleurs l'heure à laquelle est fixé le rendez-vous; et le pétunia, qui annonce qu'une lettre a été interceptée. Il comprenait des utilisations semblables, grossières et pratiques. Prends cette rose (peu importe la couleur, bien que dans le langage des fleurs il y ait cinq significations différentes pour cinq roses différentes) : porte-la d'abord à tes lèvres et mets-la entre tes cuisses. Telle était la violente galanterie dont Gustave était capable. Je suis sûre qu'il n'aurait pas compris la signification du liseron; ou, s'il avait fait un effort, il se serait trompé. On peut envoyer trois messages par le truchement du liseron. Un liseron blanc signifie : *Pourquoi me fuir?* Un rose : *Je m'attacherai à vous.* Un bleu : *J'attendrai des jours meilleurs.* Vous devinez facilement la couleur de la fleur que j'ai cueillie dans le parc de Windsor.

Comprenait-il les femmes? J'en ai souvent douté. Je me souviens que nous nous sommes querellés à propos de sa prostituée du Nil, Kuchiouk-Hânem. Gustave avait pris des notes pendant son voyage. Je lui ai demandé si je pouvais les lire. Il a refusé; je lui ai demandé de nouveau; et ainsi de suite. Finalement, il m'a autorisée. Elles ne sont pas... agréables, ces pages. Ce que Gustave trouvait enchanteur dans l'Orient, je le trouvais dégradant. Une courtisane, une courtisane très coûteuse, dont la peau ruisselle d'huile de santal pour couvrir la puanteur nauséabonde de la vermine dont elle est infestée. Je demande si c'est exaltant, si c'est beau? Est-ce rare, est-ce splendide? Ou est-ce sordide, commun et dégoûtant?

Mais le problème n'est pas esthétique; pas ici. Quand j'ai exprimé mon dégoût, Gustave n'y a vu que de la jalousie. J'étais un peu jalouse – qui ne l'aurait été en lisant le journal intime d'un homme qu'on aime, sans y trouver aucune mention de soi, mais à la place des éloges aux prostituées couvertes de vermine? Il était peut-être compréhensible que Gustave pensât que je n'étais que jalouse. Mais écoutez son raisonnement, écoutez quelle était sa perception du cœur de la femme : « Pour Kuchiouk-Hânem, ah! rassure-toi et rectifie en même temps tes idées orientales [...] la femme orientale est une machine, et rien de plus; elle ne fait aucune différence entre un homme et un autre homme. Fumer, aller au bain, se peindre les paupières et boire du café, tel est le cercle d'occupations où tourne son existence. Quant à la jouissance physique, elle-même doit être fort légère puisqu'on leur coupe de bonne heure ce fameux bouton, siège d'icelle. »

Quel soulagement! Quelle consolation! Je ne devais pas être jalouse parce qu'elle n'avait rien éprouvé! Et cet homme prétendait connaître le cœur humain! C'était une machine mutilée et, en outre, elle l'avait déjà oublié : je devais être consolée avec cela? Cet argument brutal m'a fait penser plus encore à cette étrange femme avec qui il avait couché sur les rives du Nil. Pouvions-nous être plus différentes l'une de l'autre? Moi, l'Occidentale, elle l'Orientale; moi entière, elle mutilée; moi partageant ce qu'il y avait de plus profond dans le cœur de Gustave, elle engagée seulement dans une brève relation physique; moi une femme indépendante et de ressource, elle, une créature en cage dépendant de son commerce avec les hommes; moi méticuleuse, soignée et civilisée, elle sale, puante et sauvage. Cela peut paraître étrange, mais je me suis intéressée à elle. L'avers d'une pièce est sans doute toujours fasciné par son envers. Des années plus tard, quand je suis allée en Égypte, j'ai essayé de la retrouver. Je me suis rendue à Esneh. J'ai découvert le taudis misérable où elle avait vécu, mais elle n'y était pas. Elle s'était peut-être enfuie en apprenant ma venue. Il vaut sans doute mieux que nous ne nous soyons pas rencontrées; l'avers n'a jamais le droit de voir l'envers.

Gustave avait coutume de m'humilier, bien sûr, même depuis le commencement. Je n'avais pas le droit de lui écrire directement; je devais expédier mes lettres via Du Camp. Je n'avais pas le droit d'aller lui rendre visite à Croisset. Je n'avais pas le droit de rencontrer sa mère, même si, en fait, je lui avais été présentée à un coin de rue à Paris. J'ai même découvert que Mme Flaubert pensait que son fils me traitait de façon abominable.

Il m'humiliait aussi par d'autres moyens. Il me mentait. Il disait du mal de moi à ses amis. Au nom de la vérité, il ridiculisait presque tout ce que j'écrivais. Il faisait semblant de ne pas savoir que j'étais terriblement pauvre. Il se vantait d'avoir, en Égypte, attrapé une maladie vénérienne avec une courtisane de quatre-sous. Il s'est vengé de moi publiquement dans *Madame Bovary* en se moquant d'un sceau que je lui avais donné comme marque d'amour. Lui qui prétendait que l'art devait être impersonnel!

Permettez-moi de vous raconter comment Gustave m'humiliait. Quand notre amour était encore jeune, nous nous faisions des cadeaux – de petits gages, souvent sans signification en eux-mêmes, mais qui semblaient contenir l'essence même de celui qui les donnait. Il se régala pendant des mois, des années, d'une petite paire de pantoufles à moi que je lui avais offerte; j'espère qu'il l'a brûlée maintenant. Une fois, il m'envoya un presse-papier, celui-là même qui était sur son bureau. J'en ai été profondément touchée; cela semblait être le cadeau par excellence d'un écrivain à un autre écrivain; ce qui avait auparavant tenu sa prose tiendrait maintenant mes vers. J'ai peut-être commenté cela trop souvent; j'ai peut-être exprimé ma gratitude trop sincèrement. Voici ce que Gustave m'a dit : il n'y avait aucune tristesse pour lui à se débarrasser du presse-papier, parce qu'il en avait un autre qui remplissait la même fonction avec autant d'efficacité. Est-ce que je voulais savoir ce que c'était? Si tu veux, ai-je répondu. Il m'informa que son nouveau presse-papier était un morceau de mât d'artimon – il fit un geste d'une taille extravagante – que son père avait extrait avec des forceps du postérieur d'un vieux marin. Ce marin –

poursuivit Gustave, comme s'il s'agissait de la meilleure histoire qu'il ait entendue depuis des années – prétendait qu'il ne savait absolument pas comment ce morceau de mât était arrivé à l'endroit où on l'avait découvert. Gustave rejeta la tête en arrière et rit. Ce qui l'intriguait le plus dans cette affaire c'était comment on avait su de quel mât venait le morceau de bois.

Pourquoi m'humiliait-il ainsi? Ce n'était pas, je crois, comme cela arrive souvent en amour, que les qualités qui l'avaient charmé au début – ma vivacité, ma liberté, mon sens de l'égalité avec les hommes – en vinrent à l'irriter. Ce n'était pas cela parce qu'il se conduisit de cette façon étrange et bourrue dès le début, même quand il m'aimait le plus. Dans sa seconde lettre, il m'écrivait: « Je n'ai jamais vu un berceau sans penser à une tombe. La contemplation d'une femme nue me fait rêver à son squelette. » Ce n'étaient pas les sentiments d'un amour conventionnel.

La postérité retiendra peut-être la réponse facile: qu'il me méprisait parce que j'étais méprisable et que comme c'était un grand génie son jugement doit avoir été correct. Ce n'était pas ainsi; ce n'est jamais ainsi. Il avait peur de moi: c'est pour cela qu'il était cruel avec moi. Il avait peur de moi de deux façons, une familière et l'autre étrange. Tout d'abord, il avait peur de moi comme beaucoup d'hommes ont peur des femmes: parce que leurs maîtresses (ou leurs épouses) les comprennent. Certains hommes sont à peine adultes: ils souhaitent que les femmes les comprennent et pour cela ils leur disent tous leurs secrets; et alors, quand on les comprend parfaitement, ils haïssent leurs femmes parce qu'elles les comprennent.

Ensuite – et c'est le plus important –, il avait peur de moi parce qu'il avait peur de lui. Il avait peur de pouvoir m'aimer totalement. Ce n'était pas seulement la terreur de me voir envahir son cabinet de travail et sa solitude. C'était la terreur que je puisse envahir son cœur. Il était cruel parce qu'il voulait m'écarter; mais il voulait m'écarter parce qu'il avait peur de m'aimer totalement. Je vais vous dire ce que je crois sincèrement : pour Gustave, en un sens il ne l'a compris qu'à moitié, je représentais la vie, et son rejet de moi était d'autant plus violent qu'il provoquait en lui la plus profonde honte. Est-ce ma faute? Je l'aimais; quoi de plus naturel que je veuille lui donner la possibilité de m'aimer en retour? Je ne luttais pas seulement pour moi, mais aussi pour lui : je ne voyais pas pourquoi il ne devrait pas se permettre d'aimer. Il disait qu'il y avait trois conditions préalables pour être heureux : « Être bête, égoïste, et avoir une bonne santé », et qu'il était sûr de ne posséder que la seconde. J'ai discuté, lutté, mais il voulait croire que le bonheur était impossible; cela lui donnait une sorte d'étrange consolation.

C'était un homme difficile à aimer, c'est certain. Son cœur était distant et en retrait; il en avait honte et s'en méfiait. Il m'a dit une fois que « l'amour doit résister à tout, à l'absence, au malheur, à l'infidélité même, à l'oubli ». « Quand on s'aime on peut passer dix ans sans se voir et sans en souffrir. » (Je n'étais pas impressionnée par de telles remarques; j'en déduisais seulement qu'il serait plus tranquille si j'étais absente, infidèle ou morte.) Il aimait se flatter en affirmant qu'il m'aimait; cependant, je n'ai jamais connu d'amant moins impatient. « La vie est comme l'équitation, m'écrivit-il une fois. Il fut un temps où j'aimais aller au grand galop; maintenant, je vais au pas, et la bride sur le cou. » Il n'avait pas encore trente ans quand il écrivait ça; il avait déjà décidé d'être vieux avant l'âge. Alors que pour moi... le galop! le galop! le vent dans les cheveux, le rire arraché des poumons!

Cela flattait sa vanité de penser qu'il m'aimait; je crois que cela lui donnait aussi quelque plaisir inavoué de désirer toujours ma chair et cependant de toujours s'interdire de l'atteindre : se nier était aussi excitant que s'abandonner. Il avait coutume de me dire que j'étais moins femme que la plupart des femmes; que j'étais une femme dans ma chair mais un homme dans mon esprit;

que j'étais un *hermaphrodite nouveau**, un troisième sexe. Il m'exposa cette théorie absurde de nombreuses fois, mais en réalité c'est à lui seul qu'il l'exposait : moins il ferait de moi une femme, moins il aurait besoin d'être un amant.

J'ai fini par croire que ce qu'il voulait le plus de moi, c'était une association intellectuelle, une relation de l'esprit. A cette époque il travaillait dur sur sa *Bovary* (pas aussi dur cependant qu'il aimait le prétendre) et à la fin de la journée, comme une détente physique était trop compliquée pour lui et qu'elle contiendrait trop de choses qu'il ne pourrait pas contrôler, il recherchait une détente intellectuelle. Il s'asseyait à une table, prenait une feuille de papier de correspondance et se déchargeait en moi. Vous ne trouvez pas l'image flatteuse? Ce n'était pas mon intention. Le temps où, par loyauté, on croyait de fausses choses sur Flaubert est passé. Incidemment, il n'a jamais baptisé mes seins avec l'eau du Mississippi; la seule fois qu'une bouteille est allée de l'un à l'autre, c'est quand je lui ai envoyé de l'eau Taburel pour arrêter la chute de ses cheveux.

Mais, je peux vous l'assurer, cette relation d'esprit n'était pas plus facile que notre relation de cœur. Il était brutal, maladroit, violent et hautain; puis il était tendre, sentimental, enthousiaste et dévoué. Il ne connaissait pas les règles. Il refusait de reconnaître mes idées comme elles le méritaient, de la même façon qu'il refusait de reconnaître mes sentiments. Bien sûr, il connaissait tout. Il m'informa que j'avais « vingt ans sous le rapport du sentiment », et lui soixante. Il m'informa que si je buvais tout le temps de l'eau et jamais de vin, j'aurais un cancer de l'estomac. Il m'informa que je devais épouser Victor Cousin. (A ce propos, Victor Cousin pensait que je devrais épouser Gustave Flaubert.)

Il m'envoyait ses œuvres. Il. m'envoya *Novembre*. C'était faible et médiocre. Je réussis à lui écrire une lettre de douze pages. Il m'envoya la première *Éducation sentimentale*; je n'ai pas été très impressionnée, mais comment ne pas lui faire de compliments? Il m'a réprimandée de l'avoir aimée. Il m'envoya sa *Tentation de saint Antoine*; je l'ai franchement admirée. Il m'a de nouveau réprimandée. Les parties de son œuvre que j'admirais étaient, m'assura-t-il, les plus faciles à faire; les modifications que je lui suggérais prudemment ne feraient, déclara-t-il, qu'affaiblir le livre. Il me dit : « Je suis étonné, chère amie, de l'enthousiasme excessif que tu témoignes pour certaines parties de l'*Éducation.* » C'est ainsi qu'un provincial inconnu et non publié choisit de remercier une célèbre poétesse parisienne (qu'il prétendait aimer) pour ses paroles élogieuses. Mes commentaires sur ses œuvres n'avaient de valeur qu'en tant que prétexte irritant qui lui permettait de me faire un cours sur l'art.

Bien sûr, je savais que c'était un génie. Je l'ai toujours considéré comme un magnifique prosateur. Il sous-évaluait mon talent, mais ce n'était pas une raison pour que je sous-évalue le sien. Je ne suis pas comme cet abominable Du Camp, qui revendiquait de nombreuses années d'amitié avec Gustave mais qui lui niait toujours son génie. J'ai assisté à ces dîners où l'on discutait des mérites de nos contemporains et où Du Camp, dès qu'un nouveau nom était avancé, corrigeait le point de vue général avec beaucoup d'urbanité. « Et alors, Du Camp, finit par dire quelqu'un avec un peu d'impatience, et notre cher Gustave? » Du Camp sourit en approuvant et pianota avec les cinq doigts d'une main contre les cinq doigts de l'autre, comme un juge très collet monté. « Flaubert est un écrivain d'un rare mérite », répondit-il, en employant le nom de famille de Gustave d'une façon qui m'a choquée, « mais sa mauvaise santé l'empêche d'être un génie ». On aurait cru qu'il s'entraînait pour ses mémoires.

Quant à mon œuvre! Évidemment, je l'envoyais à Gustave. Il me dit que mon style était « généralement mou, lâche, et composé de phrases toutes faites ». Il se plaignait que mes titres étaient « prétentieux et vagues », qu'ils sentaient le « bas-bleu ». Il me fit une leçon comme un maître d'école sur la différence entre *saisir* et *se saisir de.* Sa façon de me complimenter c'était de me dire : « Je ne te sais nul gré de faire de beaux vers. Tu les ponds comme une poule les œufs »; ou de remarquer, après avoir détruit une œuvre avec ses critiques : « Tout ce que je n'ai pas remarqué me paraît bon ou excellent. » Il me dit d'écrire avec la tête, pas avec le cœur. Il me dit que : « Tous les perruquiers sont d'accord à dire que plus les chevelures sont peignées plus elles sont luisantes. Il en est de même du style, la correction fait son éclat. » Il me dit « qu'il n'y avait rien de plus faible que de mettre en art ses sentiments personnels », et de ne pas poétiser les choses (je suis poète!). Il me dit : « Tu as bien l'amour de l'art, mais tu n'en as pas la religion. »

Ce qu'il voulait, bien sûr, c'était que j'écrive comme lui si je le pouvais. C'est une vanité que j'ai souvent remarquée chez les écrivains; plus l'écrivain est éminent, plus sa volonté est prononcée. Ils croient que tout le monde devrait écrire comme eux : pas aussi bien qu'eux, évidemment, mais de la même manière. C'est ainsi que les montagnes désirent des contreforts.

Du Camp avait l'habitude de dire que Gustave n'avait pas une once de sensibilité pour la poésie. C'est sans grand plaisir que je suis d'accord avec lui. Gustave nous faisait à tous des conférences sur la poésie – mais il ne la comprenait pas. Il disait qu'il voulait donner à la prose la force et la stature de la poésie; mais une partie de ses projets semblait consister à lui rabattre d'abord le caquet. Il voulait que sa prose soit objective, scientifique, vide de toute présence personnelle, de toute opinion; aussi il décida que la poésie devait être écrite selon les mêmes principes. Dites-moi comment écrire une poésie d'amour qui soit objective, scientifique, et vide de toute pensée personnelle. Dites-le-moi. Gustave se méfiait des sentiments; il avait peur de l'amour; et il a fait de cette névrose un credo artistique.

La vanité de Gustave n'était pas seulement littéraire. Il

ne croyait pas seulement que les autres auraient dû écrire comme il écrivait, mais qu'ils auraient dû vivre comme il vivait. Il aimait me citer Épictète : « Abstiens-toi et cache ta vie. » A moi! Une femme, un poète, et un poète de l'amour! Il voulait que tous les écrivains vivent obscurément en province, qu'ils ignorent les affections naturelles du cœur, qu'ils dédaignent la réputation et qu'ils passent des heures solitaires et éreintantes à lire des textes obscurs à la lueur d'une chandelle fatigante. C'est peut-être la façon adéquate pour soigner un génie; mais c'est aussi le bon moyen pour étouffer le talent. Gustave ne comprenait pas cela, il ne pouvait voir que *mon* talent dépendait du mouvement rapide, du sentiment soudain, de la rencontre inattendue: de la vie, à mon sens.

Gustave aurait fait de moi un ermite s'il l'avait pu: l'ermite de Paris. Il me conseillait tout le temps de ne pas voir de gens; de ne pas répondre à la lettre d'Untel; de ne pas prendre cet admirateur trop au sérieux; de ne pas prendre le comte X... comme amant. Il prétendait défendre mon œuvre et que chaque heure passée en société était une heure que je ne passais pas à mon bureau. Mais ce n'est pas ainsi que je travaillais. On ne peut pas mettre la libellule sous le joug et lui faire tourner le moulin.

Évidemment, Gustave niait qu'il y eût en lui une vanité quelconque. Du Camp, dans un de ses livres – je ne me souviens plus lequel, il y en avait tellement –, fait référence à l'effet néfaste sur l'homme d'une trop grande solitude; il dit que c'est une mauvaise conseillère « qui porte à ses deux sinistres mamelles l'Égoïsme et la Vanité ». « Égoïsme, soit, m'écrivit-il. Mais Vanité, non. L'Orgueil est une bête féroce qui vit dans les cavernes et dans les déserts. La Vanité, au contraire, comme un perroquet, saute de branche en branche et bavarde en pleine lumière. » Gustave croyait qu'il était une bête sauvage – il aimait s'imaginer en ours polaire, distant, sauvage et solitaire. Je disais comme lui, j'ai même dit qu'il était

Comme un buffle indompté des déserts d'Amérique.

Mais peut-être n'était-il qu'un perroquet.

Vous me trouvez trop dure? Je l'aimais; c'est pour cela que j'ai le droit d'être dure. Écoutez. Gustave méprisait Du Camp parce qu'il voulait la *Légion d'honneur**. Quelques années plus tard lui-même l'accepta. Gustave méprisait la société des salons. Jusqu'à ce qu'il fréquente la princesse Mathilde. Avez-vous entendu parler de la facture des gants de Gustave à l'époque où il se pavanait dans la lumière des lustres? Il devait deux mille francs à son tailleur et cinq cents francs pour ses gants. Cinq cents francs! Il n'a reçu que huit cents francs de droits pour sa *Bovary*. Sa mère a dû vendre des terres pour régler ses dettes. Cinq cents francs de gants! L'ours blanc en gants? Non, non : le perroquet.

Je sais ce qu'on dit de moi; ce que ses amis ont dit. On dit que j'avais la vanité de supposer que je pouvais l'épouser. Mais Gustave m'écrivait des lettres qui décrivaient à quoi cela aurait ressemblé si nous avions été mariés. Dans ces conditions, avais-je tort d'espérer? On dit que j'ai eu la vanité d'aller à Croisset et de faire une scène très embarrassante à sa porte. Mais, au début de notre relation, Gustave m'écrivait souvent sur mes prochaines visites de sa maison. Dans ces conditions, avais-je tort d'espérer? On dit que j'avais la vanité de croire que lui et moi nous serions coauteurs d'une œuvre littéraire. Mais il m'a dit qu'une de mes histoires était un chef-d'œuvre et qu'un de mes poèmes remuerait une pierre. Dans ces conditions avais-je tort d'espérer?

Je sais trop bien ce qu'il adviendra de nous quand nous serons morts tous les deux. La postérité sautera directement aux conclusions : la postérité est ainsi. Les gens prendront le parti de Gustave. Ils me comprendront trop vite; ils retourneront ma propre générosité contre moi et me mépriseront à cause des amants que j'ai eus; et ils me condamneront comme la femme qui a menacé brièvement d'interférer dans l'écriture des livres qu'ils ont eu plaisir à lire. Quelqu'un – Gustave lui-même peut-être – brûlera mes lettres; les siennes (que j'ai soigneusement conservées, en dépit de mes intérêts) survivront pour confirmer mes torts à ceux qui sont trop paresseux pour comprendre. Je suis une femme et aussi un écrivain qui a épuisé sa renommée pendant sa vie; et, dans ces deux domaines, je n'attends pas beaucoup de pitié ni beaucoup de compréhension de la part de la postérité. Cela m'importe-t-il? Naturellement. Mais, ce soir, je ne suis pas vindicative; je suis résignée. Je vous le promets. Glissez encore une fois vos doigts sur mon poignet. Ici; je vous l'ai dit.

12

Le Dictionnaire des idées reçues de Braithwaite

ACHILLE

Frère aîné de Gustave. Homme lugubre avec une longue barbe. Hérita de son prénom et de son métier de son père. Qu'Achille ait répondu aux attentes de la famille libéra Gustave et lui permit de devenir artiste. Mort de ramollissement cérébral.

BOUILHET, Louis

Conscience littéraire de Gustave, son accoucheur, sa boussole, son ombre, son « couillon (gauche) » et son semblable. Second prénom, Hyacinthe. Double peu heureux dont chaque grand homme a besoin. Citer avec une légère désapprobation sa remarque galante à une jeune fille intimidée : « On est plus près du cœur quand la poitrine est plate. »

COLET, Louise

a) Femme ennuyeuse, importune et facile, manquant de talent ou comprenant le génie des autres; essaya de prendre Gustave au piège du mariage. Imaginer les hurlements des enfants! Imaginer Gustave misérable! Imaginer Gustave heureux!

b) Femme courageuse, passionnée, profondément incomprise, crucifiée par son amour pour Flaubert, insensible, impossible et provincial. Se plaignit à juste titre :

« Gustave dans ses lettres ne me parle jamais que de l'*art* ou de lui. » Proto féministe qui commit le péché de vouloir rendre quelqu'un heureux.

DU CAMP, Maxime

Photographe, voyageur, arriviste, historien de Paris, académicien. Écrivait avec une plume en acier alors que Gustave utilisait toujours une plume d'oie. Censura *Madame Bovary* pour *La Revue de Paris.* Si Bouilhet est l'alter ego littéraire de Gustave, Du Camp est son alter ego social. Devint un proscrit littéraire après avoir parlé dans ses mémoires de l'épilepsie de Gustave.

ÉPILEPSIE

Stratagème qui permit à Flaubert l'écrivain d'esquiver une carrière conventionnelle, et à Flaubert l'homme d'esquiver la vie. La question est simplement de savoir à quel niveau psychologique s'est développé la tactique. Ses symptômes étaient-ils d'intenses phénomènes psychosomatiques? Il serait trop banal qu'il n'eût que l'épilepsie.

FLAUBERT, Gustave

L'ermite de Croisset. Le premier romancier moderne. Le père du réalisme. Le boucher du romantisme. Le pont qui relie Balzac à Joyce. Le précurseur de Proust. L'ours dans sa tanière. Le bourgeois bourgeoisophobe. En Egypte, « le père de la moustache ». Saint Polycarpe; Cruchard, Quarafon; *Le vicaire-général**; le major; le vieux seigneur; l'idiot des salons. Tous ces titres furent acquis par un homme indifférent aux titres qui ennoblissent : « Les honneurs déshonorent; le titre dégrade; la fonction abrutit. »

LES GONCOURT

Se souvenir de ce qu'ont écrit les Goncourt sur Flaubert : « Avec une nature franche, il n'y a jamais une parfaite sincérité dans ce qu'il dit sentir, souffrir, aimer. » Puis se souvenir de tous les autres sur les Goncourt : les frères envieux, sur qui on ne pouvait pas compter. Se souvenir de tous ceux sur qui on ne pouvait pas compter : Du Camp, Louise Colet, la nièce de Flaubert, Flaubert lui-même. Demander violemment : comment peut-on connaître quelqu'un?

HERBERT, Juliet

« Mademoiselle Juliet. » La morale des institutrices anglaises à l'étranger au milieu du XIXe siècle n'a pas encore retenu suffisamment l'attention des savants.

IRONIE

La mode moderne : soit la marque du démon, soit le masque du bon sens. Le roman de Flaubert pose la question : l'ironie empêche-t-elle la sympathie? Il n'y a pas d'entrée pour *ironie* dans son dictionnaire. Cela a peut-être pour but d'être ironique.

JEAN PAUL SARTRE

A passé sept ans à écrire *L'Idiot de la famille* alors qu'il aurait pu écrire des tracts maoïstes. Un Louise Colet intellectuel, toujours en train d'importuner Gustave qui voulait seulement qu'on le laisse en paix. Conclure : « Il vaut mieux gâcher sa vieillesse que de n'en rien faire. »

KUCHIOUK-HÂNEM

Le test du tournesol. Gustave dut choisir entre la courtisane égyptienne et la poétesse parisienne – les punaises, l'huile de santal, le pubis rasé, la clitoridectomie et la syphilis contre la propreté, la poésie lyrique, la fidélité sexuelle relative et les droits de la femme. Il trouva le résultat très équilibré.

LETTRES

Suivre Gide et dire que les lettres de Flaubert sont un chef-d'œuvre. Suivre Sartre et dire qu'elles sont un exemple parfait d'association libre venant d'un divan préfreudien. Puis suivre son nez.

Mme FLAUBERT

La geôlière de Gustave, sa confidente, son infirmière, sa patiente, sa banquière et sa critique. Elle dit un jour : « La rage des phrases t'a desséché le cœur. » Il trouva la remarque « sublime ». Cf. George Sand.

NORMANDIE

Toujours humide. Habitée par des gens rusés, fiers et taciturnes. Mettre la tête sur le côté et remarquer : « Évidemment, on ne doit jamais oublier que Flaubert était originaire de Normandie. »

ORIENT

Le creuset dans lequel a été coulée *Madame Bovary.* Quand il quitta l'Europe, Flaubert était romantique; quand il revint, il était réaliste. Cf. Kuchiouk-Hânem.

PROSTITUÉES

Nécessaires au XIXe siècle pour contracter la syphilis, sans quoi nul ne pouvait prétendre au génie. Ceux qui portaient l'insigne rouge du courage comprenaient Flaubert, Daudet, Maupassant, Jules de Goncourt, Baudelaire, etc. S'il y avait des écrivains qui n'en étaient pas affligés, ils étaient sans doute homosexuels.

QUICHOTTE, DON

Gustave était-il un ancien romantique? Il avait une passion pour le chevalier rêveur et perdu dans une société vulgaire et matérialiste. « *Madame Bovary, c'est moi* * » est une allusion à la réponse de Cervantes à qui on demandait sur son lit de mort quelle était la source de son célèbre héros. Cf. Travestisme.

RÉALISME

Gustave était-il un nouveau réaliste? Publiquement, il en a toujours refusé l'étiquette : « C'est en haine du réalisme que j'ai entrepris *Madame Bovary.* » Galilée a nié publiquement que la terre tournait autour du soleil.

SAND, George

Optimiste, socialiste, humanitaire. Méprisée jusqu'à ce qu'on la rencontre; aimée ensuite. Seconde mère de Gustave; après son séjour à Croisset, elle lui envoya ses œuvres complètes (dans l'édition en soixante-dix-sept volumes).

TRAVESTISME

Gustave jeune homme : « Il y a des jours où l'on voudrait être une femme. » Gustave à l'âge mûr : « *Madame Bovary, c'est moi* *. » Quand un de ses médecins l'appela « vieille femme hystérique », il jugea le mot « profond ».

U.S.A.

Les références de Flaubert au pays de la liberté sont rares. De l'avenir, il écrivit : « On sera utilitaire, militaire, américain, catholique. Très catholique. » Il préférait sans doute le Capitole au Vatican.

VOLTAIRE

Que pensait le grand sceptique du XIXe siècle du grand sceptique du XVIIIe siècle? Flaubert fut-il le Voltaire de son époque? Voltaire fut-il le Flaubert de son époque? « *Histoire de l'esprit humain, histoire de la sottise humaine* *. » Lequel des deux a dit cela?

WISIGOTHS

Des vandales en gants blancs, des voleurs d'horloges qui connaissent le sanskrit. Plus horribles que les cannibales ou les communards. Quand les Prussiens ont quitté Croisset, on a dû désinfecter la maison.

XYLOPHONE

Il n'existe aucun texte disant que Flaubert a entendu un xylophone. Saint-Saëns utilisa l'instrument dans *La Danse macabre*, en 1874, pour suggérer le bruit des os qui s'entrechoquent; cela aurait pu amuser Flaubert. Peut-être entendit-il le glockenspiel en Suisse.

YVETOT

« Voir Yvetot et mourir. » Si l'on demande l'origine de cet épigramme peu connu, sourire mystérieusement et rester silencieux.

ZOLA, Émile

Le grand écrivain est-il responsable de ses disciples? Qui choisit qui? S'ils l'appellent « maître », peut-il se permettre de mépriser leurs œuvres? D'autre part, sont-ils sincères dans leurs éloges? Lequel a le plus besoin de l'autre : le disciple du maître, ou le maître du disciple? Discuter sans conclure.

13

Une histoire vraie

Ceci est une histoire vraie, quoi que vous puissiez en penser.

Quand elle meurt, au début, on n'est pas surpris. L'amour est en partie une préparation à la mort. Quand elle meurt, on se sent confirmé dans son amour. On ne s'était pas trompé : cela en fait partie.

Par la suite, vient la folie. Et la solitude : pas la solitude spectaculaire à laquelle on s'était attendu, pas le martyre intéressant du veuvage, mais seulement la solitude. On s'attend à quelque chose de presque géologique – le vertige devant un précipice – mais ce n'est pas comme ça; c'est seulement une souffrance, comme un travail régulier. Nous, les médecins, que disons-nous? Je suis profondément désolé, madame Blank; bien sûr, il va y avoir une période de tristesse, mais, soyez rassurée, vous vous en sortirez; deux chaque soir; peut-être un nouvel intérêt, madame Blank; l'entretien de la voiture, des cours de danse? Ne vous inquiétez pas, dans six mois vous serez à nouveau dans la course; venez me voir quand vous le voudrez; oh! mademoiselle, quand elle appellera, donnez-lui ce renouvellement d'ordonnance, s'il vous plaît, non, je n'ai pas besoin de la recevoir, ce n'est pas elle qui est morte, après tout, il faut voir les choses du bon côté. Comment a-t-elle dit qu'elle s'appelait?

Et cela vous arrive, à vous. Il n'y a aucune gloire à ça.

Le deuil est plein de temps; rien d'autre que du temps. Dans leur « Copie », Bouvard et Pécuchet notent un conseil : « Comment oublier les amis qui sont morts » : Trotulas (de l'école de Salerne) dit qu'il faut manger du cœur de truie farci. Je pourrais peut-être me rabattre sur ce remède. J'ai essayé de boire, mais à quoi cela sert-il? Boire rend saoul, c'est tout ce que ça peut faire. On dit que le travail guérit de tout. Ce n'est pas vrai; souvent ça n'entraîne même pas de fatigue : ce dont on s'approche le plus c'est d'une léthargie névrotique. Et il y a toujours le temps. Encore un peu de temps. Prenez votre temps. Du temps en plus. Du temps de reste.

D'autres pensent que l'on veut parler. « Voulez-vous parler d'Ellen? » demandent-ils, en laissant entendre qu'ils ne seront pas gênés si l'on s'effondre. Parfois on parle, parfois on ne parle pas; ça ne fait pas beaucoup de différence. Les mots ne sont pas ceux qui conviennent; ou, plus exactement, les mots qui conviendraient n'existent pas. « La parole humaine est comme un chaudron fêlé où nous battons des mélodies à faire danser les ours, quand on voudrait attendrir les étoiles. » On parle, et on trouve le langage du deuil stupidement inadéquat. C'est comme si on parlait de la douleur de quelqu'un d'autre. Je l'aimais; nous étions heureux; elle me manque. Elle ne m'aimait pas; nous n'étions pas heureux; elle me manque. Le choix de prières est limité : un bredouillement de syllabes.

« Cela peut sembler dur, Geoffrey, mais tu t'en sortiras. Je ne prends pas ta douleur à la légère; c'est simplement parce que j'en ai vu suffisamment dans la vie pour savoir que tu t'en sortiras. » Les paroles que tu as dites toi-même en griffonnant une ordonnance (non, madame Blank, vous pouvez les prendre toutes, elles ne vous tueront pas). Et tu t'en es sorti, c'est vrai. Au bout d'un an, de cinq ans. Mais tu n'en es pas sorti comme un train sort d'un tunnel, en traversant les Downs dans le soleil et la descente rapide et bruyante vers le Channel; tu en es sorti comme une mouette sort d'une nappe de pétrole, mazouté et plumé pour la vie.

Et tu penses encore à elle chaque jour. Parfois, lassé de l'aimer morte, tu l'imagines de nouveau en vie, pour la conversation, pour l'approbation. Après la mort de sa mère, Flaubert demandait à sa gouvernante de s'habiller avec sa vieille robe à carreaux et de le surprendre avec une réalité trompeuse. Cela marchait, et cela ne marchait pas : sept ans après l'enterrement, il éclatait encore en sanglots en voyant la vieille robe se déplacer dans la maison. Est-ce un succès ou un échec? Souvenir ou égoïsme? Et sait-on quand on commence à chérir sa douleur et à y prendre un vain plaisir? « Prenez garde à la tristesse. C'est un vice » (1878).

Ou bien on essaie d'éviter son image. Aujourd'hui, quand je me souviens d'Ellen, j'essaie de penser à une tempête de grêle qui s'est abattue sur Rouen en 1853. « Tu auras appris par les journaux (sans doute) la soignée grêle qui est tombée sur Rouen et alentours », écrit Gustave à Louise. A Croisset « les espaliers sont détruits, toutes les fleurs hachées en morceaux, le potager sens dessus-dessous ». Ailleurs, « les récoltes sont manquées, tous les carreaux des bourgeois cassés ». Seuls les vitriers sont heureux; les vitriers et Gustave. Les scènes de carnage le ravissent : « En contemplant tous ces petits arrangements factices de l'homme que cinq minutes de la Nature ont suffi pour bousculer, j'admirais le Vrai Ordre se rétablissant dans le faux ordre. » « Y a-t-il rien de plus bête que des cloches à melon? » demande Gustave. Il applaudit les grêlons qui en ont fracassé le verre. « On croit un peu trop généralement que le soleil n'a d'autre but que de faire pousser les choux. »

Cette lettre me calme toujours. Le but du soleil n'est pas de faire pousser les choux, et je vous raconte une histoire vraie.

Elle était née en 1920, elle s'était mariée en 1940, elle avait eu deux enfants, un en 1942 et un en 1946, et elle est morte en 1975

Je vais recommencer. On pense que les gens petits sont précis, n'est-ce pas? Mais Ellen ne l'était pas. Elle mesurait un peu plus d'un mètre cinquante et pourtant elle se déplaçait avec maladresse. Elle courait et trébuchait; elle se faisait facilement des bleus mais ne le remarquait pas. Une fois, je lui ai saisi le bras alors qu'elle allait traverser Piccadilly sans faire attention et, malgré son corsage et son manteau, le lendemain, son bras portait l'empreinte pourpre de pinces de robot. Elle ne fit aucun commentaire sur les bleus et, quand je les lui ai montrés, elle n'a pas pu se souvenir de s'être précipitée vers la chaussée.

Je vais recommencer. Elle fut une enfant unique très aimée. Elle fut une épouse unique très aimée. Elle était aimée, si c'est le terme qui convient, par ce que je suppose devoir appeler ses « amants », bien que je sois sûr que le mot donne une dignité excessive à certains. Je l'aimais; nous étions heureux; elle me manque. Elle ne m'aimait pas; nous n'étions pas heureux; elle me manque. Elle en avait peut-être assez d'être aimée. A vingt-quatre ans, Flaubert disait : « Je suis *mûr.* Mûr avant l'âge, c'est vrai parce que j'ai vécu en serre chaude. » Était-elle trop aimée? La plupart des gens ne peuvent être trop aimés, mais peut-être Ellen le pouvait-elle. Ou sa conception de l'amour était peut-être différente : pourquoi supposons-nous toujours qu'il en va de même pour les autres? Pour Ellen, l'amour n'était peut-être que comme un port flottant, un endroit pour accoster dans une mer houleuse. On ne peut absolument pas y vivre : à terre, la bousculade. Et l'amour ancien? L'amour ancien est un tank rouillé qui monte la garde sur un monument minable : ici, autrefois, on a libéré quelque chose. L'amour ancien est une rangée de cabines de plage en novembre.

Une fois, dans un café de village, loin de chez moi, j'ai entendu deux hommes qui parlaient de Betty Corrinder. L'orthographe n'est peut-être pas la bonne mais c'était ce nom-là. Betty Corrinder, Betty Corrinder... ils ne disaient jamais Betty, ou la mère Corrinder, ou n'importe quoi, non, toujours Betty Corrinder. Apparemment, c'était une rapide; bien que la vitesse soit toujours exagérée par ceux qui ne bougent pas. Ainsi, cette Betty Corrinder était une rapide et les clients du café ricanaient avec envie. « Tu sais ce qu'on dit à propos de Betty Corrinder. » C'était une constatation, pas une question, bien qu'une question eût suivi. « Quelle est la différence entre Betty Corrinder et la tour Eiffel ? Vas-y, quelle est la différence entre Betty Corrinder et la tour Eiffel ? » Une pause pour garder la réponse un dernier instant. « Personne n'a jamais sauté la tour Eiffel. »

J'en ai rougi pour ma femme, qui était à deux cents kilomètres. Là où elle rôdait, y avait-il des hommes envieux qui faisaient des plaisanteries sur elle ? Je ne le savais pas. D'ailleurs, j'exagère. Je n'ai peut-être pas rougi. Ça ne m'a peut-être rien fait. Ma femme n'était pas comme Betty Corrinder, quelle qu'ait pu être Betty Corrinder.

En 1872, on parlait beaucoup dans la société littéraire française de la façon de traiter une épouse prise en flagrant délit d'adultère. Un mari devait-il la punir ou lui pardonner ? Dans *L'Homme-Femme*, Alexandre Dumas fils donne un conseil très simple : « Tue-la ! » Son livre a été réimprimé trente-sept fois dans l'année.

Au début, cela m'a choqué; cela m'a déplu, je me méprisais. Ma femme a couché avec d'autres hommes : devrais-je m'en inquiéter ? Je n'ai pas couché avec d'autres femmes : devrais-je m'en inquiéter ? Ellen était toujours gentille avec moi : devrais-je m'en inquiéter ? Pas à cause de l'adultère. Je travaillais dur; c'était une bonne épouse pour moi. On n'a plus le droit de dire cela aujourd'hui, mais c'était une bonne épouse pour moi. Je n'avais pas d'aventures parce que ça ne m'intéressait pas suffisamment; en outre, le stéréotype du médecin séducteur est un peu répugnant. Ellen avait des aventures parce que, c'est ce que je pense, cela l'intéressait suffisamment. Nous étions heureux; nous n'étions pas heureux; elle me manque. « Est-ce beau ou bête de prendre la vie au sérieux ? » (1855).

Ce qui est difficile à faire comprendre, c'est à quel

point tout cela la laissait intacte. Elle n'était pas corrompue; son esprit n'est pas devenu grossier; elle n'a jamais laissé s'accumuler les factures. Parfois elle s'absentait un peu plus qu'il semblait nécessaire; de ses longues sorties pour faire des courses elle ne rapportait que peu d'emplettes (elle n'était pas avisée à ce point); ces quelques jours en ville pour se remettre au courant du théâtre se répétaient plus souvent que je ne l'aurais voulu. Mais elle se conduisait de façon honorable : elle ne me mentait qu'à propos de sa vie secrète. Elle mentait de façon impulsive, téméraire, presque gênante; mais sur tout le reste, elle me disait la vérité. Lors du procès de *Madame Bovary*, l'avocat impérial se plaignit de ce que l'art de Flaubert était réaliste mais non discret : je sais de quoi il parle!

Est-ce que l'épouse, que l'adultère a rendue plus éclatante, semblait plus désirable à son mari? Non : ni moins ni plus. C'est un peu ce que j'entendais en disant qu'elle n'était pas corrompue. Montrait-elle la lâche docilité que Flaubert décrit comme caractéristique de la femme adultère? Non. Est-ce que, comme Emma Bovary, elle « retrouvait dans l'adultère toutes les platitudes du mariage »? Nous n'en parlions pas. (Note sur le texte : Flaubert écrivit à l'origine « toutes les platitudes de *son* mariage » puis il enleva *son* en revoyant le roman pour la publication dans *La Revue de Paris*; il le remit après les attaques de l'avocat impérial au procès contre *Madame Bovary*, mais envisagea de l'enlever de nouveau pour l'édition de 1862. Bouilhet lui conseilla la prudence – ce n'était que cinq ans après le procès – et l'adjectif possessif, qui n'implique qu'Emma et Charles, resta dans les éditions de 1862 et de 1869. Il fut finalement abandonné et l'accusation plus générale fut rendue officielle dans l'édition de 1873.) Trouvait-elle, selon la phrase de Nabokov, que l'adultère est la façon la plus conventionnelle de s'élever au-dessus du conventionnel? Je ne le pense pas : Ellen ne pensait pas dans des termes semblables. Ce n'était pas un esprit provocateur avec une conscience de sa liberté; elle courait, se pressait, s'emballait, mettait les bouts. Je l'ai peut-être rendue pire encore; ceux qui pardonnent ou qui font preuve d'une indulgence excessive sont peut-être plus irritants qu'ils ne l'imaginent. « Après ne pas vivre avec ceux qu'on aime, le plus grand supplice est de vivre avec ceux qu'on n'aime pas » (1847).

Elle mesurait un peu plus d'un mètre cinquante; elle avait un visage large et lisse et les joues légèrement roses; elle ne rougissait jamais; elle avait des yeux – comme je vous l'ai dit – vert-bleu; elle portait les robes que le mystérieux bouche à oreille de la mode dit aux femmes de porter; elle riait facilement, elle se faisait des bleus facilement, elle courait vers des choses. Elle courait vers des cinémas que nous savions tous deux être fermés; elle allait à des soldes d'hiver en juillet; elle allait passer quelques jours chez une cousine dont la carte postale de Grèce arrivait le lendemain. Il y avait dans tous ces actes une soudaineté que le désir seul n'expliquait pas. Dans *L'Éducation sentimentale*, Frédéric explique à Mme Arnoux que, s'il a pris Rosanette comme maîtresse, « c'était par désespoir, comme on se suicide ». C'est une plaidoirie astucieuse, bien sûr; mais plausible.

Sa vie secrète s'arrêta avec l'arrivée des enfants et elle reprit quand ils allèrent à l'école. Parfois un ami temporaire me parlait seul à seul. Pourquoi pensent-ils qu'on veut savoir? Ou, plutôt, pourquoi pensent-ils qu'on ne sait pas déjà – pourquoi ne comprennent-ils rien à la curiosité implacable de l'amour? Et pourquoi ces amis temporaires ne veulent-ils jamais vous renseigner sur la chose la plus importante: le fait qu'on ne vous aime plus? J'étais devenu expert dans l'art de détourner les conversations, en affirmant qu'Ellen était bien plus sociable que moi, en laissant entendre que les professions médicales attiraient toujours les calomniateurs, en disant: Vous avez vu ces inondations terribles au Venezuela? En de telles occasions, je sentais toujours, peut-être à tort, que j'étais déloyal envers Ellen.

Nous étions assez heureux; c'est ce que les gens disent,

n'est-ce pas? Comment peut-on être « assez heureux »? Ça ressemble à une faute de grammaire – *assez heureux* comme *plutôt unique* – mais ça répond au besoin de dire quelque chose. Et comme je l'ai dit, elle ne laissait pas s'accumuler les factures. Les deux Mme Bovary (on oublie que Charles s'est marié deux fois) sont vaincues par l'argent; ma femme n'a jamais été comme ça. Et, autant que je sache, elle n'acceptait pas non plus les cadeaux.

Nous étions heureux; nous n'étions pas heureux; nous étions assez heureux. Le désespoir est-il un tort? Est-ce la condition naturelle de la vie à partir d'un certain âge? Je suis désespéré maintenant; elle l'était avant moi. Après un certain nombre d'événements que reste-t-il sinon la répétition et la dégradation? Qui veut continuer à vivre? L'excentrique, le religieux, l'artiste (parfois); ceux qui se trompent sur le sens de leur valeur. Les fromages à pâte molle coulent; les fromages à pâte dure durcissent. Tous moisissent.

Je dois faire quelques hypothèses. Je dois faire un peu de fiction (ce n'était pourtant pas mon intention quand j'ai appelé ce chapitre : une histoire vraie). Nous n'avons jamais parlé de sa vie secrète. Aussi je dois inventer mon chemin vers la vérité. Elle avait une cinquantaine d'années quand elle est devenue neurasthénique. (Non, pas ça : elle était toujours en bonne santé; sa ménopause avait été rapide, elle ne l'avait presque pas remarquée.) Elle avait eu un mari, des enfants, des amants, un travail. Les enfants étaient partis; le mari était toujours le même. Elle avait des amies et ce qu'on appelle des choses qui l'intéressaient; cependant, contrairement à moi, elle n'avait pas pour la soutenir quelque passion violente envers une personne étrangère décédée. Elle avait pas mal voyagé. Elle n'avait pas d'ambitions insatisfaites (bien que le mot « ambition » me semble beaucoup trop fort pour désigner les impulsions qui entraînent les gens à faire des choses). Elle n'était pas pieuse. Est-il besoin de continuer?

« Les gens comme nous doivent avoir la religion du désespoir. Il faut qu'on soit à la hauteur du destin, c'est-à-dire impassible comme lui. A force de se dire " cela est, cela est, cela est " et de contempler le trou noir, on se calme. » Ellen n'avait même pas cette religion-là. Pourquoi aurait-elle dû l'avoir? Pourquoi? Les désespérés sont toujours pressés de s'abstenir d'égoïsme, de penser d'abord aux autres. Cela semble injuste. Pourquoi les charger de responsabilités pour le bien-être des autres, alors que leur propre responsabilité les écrase déjà?

Il y avait peut-être aussi quelque chose d'autre. Certains, en vieillissant, semblent se convaincre de leur propre importance. D'autres en sont moins persuadés. Mon existence a-t-elle une signification? Ma vie ordinaire n'est-elle pas résumée, enclose, rendue vide de sens par la vie de quelqu'un d'autre légèrement moins ordinaire? Je ne dis pas qu'on a le devoir de se nier devant ceux qu'on juge intéressants. Mais, à cet égard, la vie c'est un peu comme la lecture. Et, ainsi que je l'ai dit plus haut : si toutes les réponses qu'on peut apporter à un livre ont déjà été reproduites et développées par un critique professionnel, alors quel est le sens de sa lecture? Simplement que c'est la *sienne.* De la même façon, pourquoi vivre sa vie? Parce que c'est la *sienne.* Mais qu'arrive-t-il si une telle réponse devient de moins en moins convaincante?

Ne vous méprenez pas. Je ne dis pas que la vie secrète d'Ellen l'a conduite au désespoir. Mon Dieu, sa vie n'est pas un conte moral. La vie de personne ne l'est. Ce que je dis c'est que sa vie secrète et son désespoir étaient dans un coin reculé de son cœur, qui m'était inaccessible. Je ne pouvais pas plus atteindre l'un que l'autre. Ai-je essayé? Bien sûr. Mais je n'ai pas été surpris quand elle est devenue neurasthénique. « Etre bête, égoïste, et avoir une bonne santé, voilà les trois conditions voulues pour être heureux. Mais si la première vous manque, tout est perdu. » Ma femme n'avait qu'une bonne santé à offrir.

La vie s'améliore-t-elle? L'autre soir, à la télévision, on

a posé cette question au poète lauréat [1]. « Je pense que la seule chose qui soit vraiment bonne aujourd'hui, c'est la dentisterie », a-t-il répondu; il ne trouvait rien d'autre. Simple préjugé ancien? Je ne le crois pas. Quand on est jeune, on pense que les vieux se plaignent de la dégradation de la vie parce que cela leur permet de mourir plus facilement sans regret. Quand on est vieux, on s'irrite de la façon dont les jeunes applaudissent la moindre petite amélioration – l'invention d'une nouvelle valve ou d'un nouveau pignon – sans se rendre compte de la barbarie du monde. Je ne dis pas que les choses ont empiré; je dis seulement que les jeunes ne l'auraient pas remarqué si cela avait été le cas. Le temps passé était bon parce qu'alors nous étions jeunes et que nous ignorions à quel point les jeunes peuvent être ignorants.

La vie s'améliore-t-elle? Je vais vous donner ma réponse, mon équivalent de la dentisterie. La seule chose qui soit bonne dans la vie, aujourd'hui, c'est la mort. Il y a toujours de la place pour l'amélioration, c'est vrai. Mais je pense à toutes ces morts du XIXe siècle. La mort des écrivains n'est pas une mort particulière; il se trouve seulement que ce sont des morts qu'on décrit. Je pense à Flaubert allongé sur son divan, terrassé par – qui peut le dire si longtemps après – l'épilepsie, l'apoplexie ou la syphilis, ou peut-être quelque réunion maligne des trois. Pourtant Zola appela ça *une belle mort* *, être écrasé comme un insecte sous un doigt géant. Je pense à Bouilhet dans son délire final, composant fébrilement une nouvelle pièce dans sa tête et déclarant qu'il fallait la lire à Gustave. Je pense au lent déclin de Jules de Goncourt : « Il y a certaines lettres qu'il prononce mal, des " c " qui deviennent des " t " dans sa bouche; il lui a été impossible de se rappeler un titre, un seul titre de ses romans; dans cette figure aimée, je vois glisser, minute après minute, le masque hagard de l'imbécillité (la propre phrase de son frère); toute la nuit, ce bruit déchirant

1. Il s'agit de Sir John Betjeman (1906-1984). (*N.d.T.*)

d'une respiration qui ressemble au bruit d'une scie dans un bois mouillé. » Je pense à Maupassant se désintégrant lentement à cause de la même maladie, transporté en camisole de force à Passy, au sanatorium du Dr Blanche qui amusait les salons de Paris avec des nouvelles de son célèbre client; Baudelaire mourant de façon aussi inexorable, privé de parole, discutant avec Nadar de l'existence de Dieu en désignant sans un mot le coucher du soleil; Rimbaud amputé de la jambe droite, perdant lentement toute sensation dans la jambe qui lui restait, et reniant, amputant son propre génie – « *Merde pour la poésie* * »; Daudet « sautant de quarante-cinq à soixante-cinq ans », les articulations qui s'affaissaient, capable de redevenir brillant et spirituel pour une soirée en se faisant cinq injections de morphine à la suite, tenté par le suicide... « mais on n'a pas le droit ».

« Est-ce beau ou bête de prendre la vie au sérieux? » (1855). Ellen était allongée avec un tube dans la gorge et un tube dans l'avant-bras. L'appareil d'assistance respiratoire, dans sa boîte blanche et allongée, lui fournissait des bouffées régulières de vie que le moniteur confirmait. Bien sûr, il ne s'agissait que d'impulsions; elle s'emballait, mettait les bouts. « Mais on n'a pas le droit? » Elle l'avait. Elle n'en a même pas discuté. La religion du désespoir n'avait aucun intérêt pour elle. Le tracé de l'électrocardiogramme se déroulait sur le moniteur; c'était une écriture familière. Son état était stable, mais sans espoir. Aujourd'hui, on ne met plus « N.T.B.R. » sur les fiches des malades; certains trouvent cela cruel. A la place, nous mettons : « Pas de 333 [1] ». Un ultime euphémisme.

J'ai regardé Ellen. Elle n'était pas corrompue. Son histoire est vraie. Je l'ai débranchée. Ils m'ont demandé si

1. N.T.B.R., *Not to be resuscitated :* « A ne pas réanimer ». Dans les hôpitaux anglais, cette formule était portée autrefois sur les fiches des malades dont l'état était jugé désespéré. Elle a été remplacée par : « Pas de 333 » : 333 étant le poste téléphonique du service de réanimation dans les hôpitaux anglais. (*N.d.T.*)

je voulais qu'ils le fassent; mais je pense qu'elle aurait préféré que ce fût moi. Naturellement, nous n'avions pas non plus parlé de cela. Ce n'est pas compliqué. On appuie sur l'interrupteur de l'appareil d'assistance respiratoire et on lit la dernière phrase de l'électrocardiogramme : la signature d'adieu qui se termine par une ligne droite. On retire les tubes et on replace le bras et la main. On fait ça rapidement, comme si l'on essayait de ne pas trop déranger la patiente.

La patiente. Ellen. Ainsi, en réponse à la question précédente, vous pouvez dire que je l'ai tuée. Vous le pouvez. Je l'ai débranchée. J'ai arrêté sa vie. Oui.

Ellen. Ma femme : quelqu'un que j'ai l'impression de moins bien comprendre qu'un écrivain étranger mort depuis cent ans. Est-ce aberrant ou normal? Les livres disent : elle fit ceci parce que. La vie dit : elle fit ceci. Les livres, c'est là où les choses vous sont expliquées; la vie, c'est là où les choses ne le sont pas. Je ne suis pas étonné que certains préfèrent les livres. Les livres donnent un sens à la vie. Le seul problème, c'est que les vies à qui ils donnent un sens sont les vies des autres, jamais la sienne.

Je suis peut-être trop accommodant. Mon état est stable, mais sans espoir. Ce n'est peut-être qu'une question de tempérament. Souvenez-vous de la visite ratée au bordel dans *L'Éducation sentimentale* et souvenez-vous de sa leçon. Ne pas participer : le bonheur réside dans l'imagination, pas dans l'acte. On trouve d'abord le plaisir dans l'anticipation, ensuite dans le souvenir. Tel est le tempérament flaubertien. Comparez avec le cas et le tempérament de Daudet. Sa visite au bordel alors qu'il n'était qu'écolier s'est tellement bien passée qu'il y est resté deux ou trois jours. Les filles l'ont gardé et caché presque tout le temps de peur d'une descente de la police; elles l'ont nourri de lentilles et n'ont cessé de le dorloter. Il a reconnu plus tard avoir émergé de cette épreuve vertigineuse avec une passion éternelle pour la peau des femmes et une horreur éternelle pour les lentilles.

Certains s'abstiennent et observent, craignant à la fois la déception et la satisfaction. D'autres se précipitent, savourent et prennent les risques : au pire, ils peuvent contracter quelque maladie terrible; au mieux, ils peuvent en réchapper avec seulement une aversion définitive pour les légumineuses. Je sais à quel camp j'appartiens, et je sais où je devrais chercher Ellen.

Maximes pour la vie. *Les unions complètes sont rares**. L'humanité est ainsi, il ne s'agit pas de la changer, mais de la connaître. La félicité est un manteau de couleur rouge qui a une doublure en lambeaux. Quand on s'aime, on est comme les frères siamois attachés l'un à l'autre, deux corps pour une âme. Mais, si l'un meurt avant l'autre, il faut traîner un cadavre à sa remorque. Et tout cela parce qu'on veut une solution. Oh! Orgueil humain. Une solution! Le but, la cause! Plus les télescopes seront parfaits et plus les étoiles seront nombreuses. L'humanité est ainsi, il ne s'agit pas de la changer, mais de la connaître. *Les unions complètes sont rares**.

Une maxime sur des maximes. On peut concevoir des vérités sur l'écriture avant même d'avoir publié un mot; on ne peut concevoir les vérités sur la vie que quand il est trop tard pour faire la différence.

Si l'on en croit *Salammbô*, à Carthage les conducteurs d'éléphants étaient armés « d'un maillet et d'un ciseau, afin de pouvoir dans la mêlée leur fendre le crâne s'ils s'emportaient ». Il y avait de fortes chances que cela arrive : « Pour les rendre plus féroces, on les avait enivrés avec un mélange de poivre, de vin pur et d'encens. »

Peu d'entre nous ont le courage d'utiliser le maillet et le ciseau. Ellen l'avait. Je me sens parfois embarrassé par la sympathie des gens. « C'est pire pour elle », ai-je envie de dire; mais je me tais. Et, quand ils ont été gentils, qu'ils m'ont promis des sorties comme si j'étais un enfant et qu'ils ont brusquement essayé de me faire parler pour mon bien (pourquoi croient-ils que je ne sais pas où est mon bien?), je suis autorisé à m'asseoir et à rêver d'elle. Je pense à une tempête de grêle, en 1853, aux vitres cassées, aux récoltes hachées, aux espaliers détruits, aux cloches à melon fracassées. Y a-t-il rien de plus bête qu'une cloche à melon? Applaudissons la grêle qui a brisé le verre. Les gens comprennent un peu trop vite le but du soleil. Le but du soleil ici-bas n'est pas de faire pousser les choux.

14

Épreuve écrite

Les candidats doivent répondre à quatre questions : deux questions de la section A et deux questions de la section B. Les points ne seront attribués que pour l'exactitude des réponses ; aucun pour la présentation et l'écriture. Des points seront retirés pour toute réponse facétieuse ou trop brève. Durée : trois heures.

SECTION A : CRITIQUE LITTÉRAIRE

Première partie

Ces dernières années, les examinateurs se sont rendu compte que les candidats trouvaient de plus en plus difficile de distinguer entre l'Art et la Vie. Chacun prétend connaître la différence, mais les perceptions varient beaucoup. Pour certains, la Vie est riche et crémeuse, faite d'après une ancienne recette paysanne dans laquelle n'entrent que des produits naturels, tandis que l'Art est une pâle fabrication commerciale, qui consiste essentiellement en colorants et en parfums artificiels. Pour d'autres, le plus vrai, c'est l'Art ; il est complet, agissant et émotionnellement satisfaisant, tandis que la Vie est pire que le plus pauvre des romans : dénuée de récits, peuplée d'importuns et de fripons, rapide sur ce qui est spirituel, longue sur les incidents désagréables et conduisant à un dénouement douloureux et prévisible. Les tenants de cette dernière conception aiment citer Logan Pearsall Smith : « Les gens disent que ce qui compte c'est la vie ; mais je préfère la lecture. » Les candidats ne doivent pas se servir de cette citation dans leurs réponses.

Étudier la relation entre l'Art et la Vie suggérée par *deux* des affirmations ou des situations suivantes :

a) « Avant-hier, dans la forêt de Touques, à un charmant endroit près d'une fontaine, j'ai trouvé des bouts de cigares éteints avec des bribes de pâtés. On avait été la *en partie!* J'ai écrit cela dans *Novembre* il y a onze ans! C'était alors purement imaginé, et l'autre jour ç'a été éprouvé. Tout ce qu'on invente est vrai, sois-en sûre. La poésie est une chose aussi précise que la géométrie [...] Ma pauvre *Bovary,* sans doute, souffre et pleure dans vingt villages de France à la fois, à cette heure même. »

Lettre à Louise Colet, 14 août 1853.

b) A Paris, Flaubert avait l'habitude de prendre un fiacre fermé pour éviter d'être découvert et sans doute séduit par Louise Colet. A Rouen, Léon prend un fiacre fermé pour séduire Emma Bovary. A Hambourg, l'année de la publication de *Madame Bovary*, on pouvait louer des fiacres dans des buts sexuels; on les appelait des Bovary.

c) (Alors que sa sœur Caroline est en train de mourir.) « Et moi j'ai les yeux secs comme du marbre. C'est étrange, autant je me sens expansif, fluide, abondant et débordant dans les douleurs fictives, autant les vraies restent dans mon cœur âcres, dures ; elles s'y cristallisent à mesure qu'elles y viennent. »

Lettre à Maxime Du Camp, 15 mars 1846.

d) « Tu me dis que j'ai aimé sérieusement cette femme [Mme Schlesinger], cela n'est pas vrai. Seulement, quand je lui écrivais avec la faculté de m'émouvoir par la plume, je prenais mon sujet au sérieux mais *seulement pendant que j'écrivais*. Beaucoup de choses qui me laissent froid ou quand je les vois ou quand d'autres en parlent, m'enthousiasment, m'irritent, me blessent si j'en parle et surtout si j'écris. C'est là un des effets de ma nature saltimbanque. »

Lettre à Louise Colet, 8 octobre 1846.

e) Giuseppe Marco Fieschi (1790-1836) devint célèbre à cause de sa participation à un attentat contre Louis-Philippe. Il louait une chambre meublée boulevard du Temple et fabriqua avec l'aide de deux membres de la Société des droits de l'homme une « machine infernale » composée de vingt canons de fusil qu'on pouvait faire partir simultanément. Le 28 juillet 1836, alors que Louis-Philippe passait accompagné de ses trois fils et de nombreux membres de son état-major, Fieschi tira contre l'ordre établi.

Quelques années plus tard, Flaubert s'installa dans une maison construite du même côté, sur le boulevard du Temple.

f) « Certainement! La période [le règne de Napoléon III] fournira la matière à quelques livres essentiels. Après tout, peut-être que, dans l'harmonie universelle des choses, le coup d'État et ses conséquences n'avaient comme but que d'offrir à quelques hommes de lettres capables quelques scènes séduisantes. »

Flaubert cité par Maxime Du Camp, *Souvenirs littéraires.*

Deuxième partie

Montrer comment l'attitude de Flaubert à l'égard de la critique a évolué d'après les citations suivantes :

a) « Voici les choses fort bêtes : 1. la critique littéraire quelle qu'elle soit, bonne ou mauvaise; 2. la société de tempérance. »

Journal intime.

b) « Le gendarme est d'ailleurs quelque chose d'essentiellement bouffon, que je ne puis considérer sans rire;

effet grotesque et inexplicable, que cette base de la sécurité publique a l'avantage de m'occasionner, avec les procureurs du roi, les magistrats quelconques et les professeurs de belles-lettres. »

Par les champs et par les grèves.

c) « On peut calculer la valeur d'un homme d'après le nombre de ses ennemis et l'importance d'une œuvre d'après le mal qu'on en dit. Les critiques sont comme les puces, qui vont toujours sauter sur le linge blanc et adorent les dentelles. »

Lettre à Louise Colet, 14 juin 1853.

d) « La critique est au dernier échelon de la littérature, comme forme, presque toujours, et comme *valeur morale,* incontestablement. Elle passe après le bout rimé et l'acrostiche, lesquels demandent au moins un travail d'invention quelconque. »

Lettre à Louise Colet, 28 juin 1853.

e) « O critiques! éternelle médiocrité qui vit sur le génie pour le dénigrer ou pour l'exploiter! Race de hannetons qui déchiquetez les belles feuilles de l'Art! Si l'Empereur demain supprimait l'imprimerie, je ferais un voyage à Paris sur les genoux et j'irais lui baiser le cul en signe de reconnaissance. »

Lettre à Louise Colet, 2 juillet 1853.

f) « Remarquez-vous comme le sens littéraire est rare! La connaissance des langues, l'archéologie, l'histoire, etc., tout cela devrait servir, pourtant! Eh bien, pas du tout! Les gens soi-disant éclairés deviennent de plus en plus ineptes en fait d'art. Ce qui est l'art même leur échappe. Les gloses sont pour eux chose plus importante que le texte. Ils font plus de cas des béquilles que des jambes. »

Lettre à George Sand, 1er janvier 1869.

g) « Que cela est rare, un critique parlant de ce qu'il sait ! »

Lettre à Eugène Fromentin, 19 juillet 1876.

h) « La vieille critique les dégoûtant ils voulurent connaître la nouvelle, et firent venir les comptes rendus de pièces dans les journaux.

« Quel aplomb ! Quel entêtement ! Quelle improbité ! Des outrages à des chefs-d'œuvre, des révérences faites à des platitudes et les âneries de ceux qui passent pour savants, et la bêtise des autres qu'on proclame spirituels ! »

Bouvard et Pécuchet.

SECTION B

Economie

Flaubert et Bouilhet sont allés dans la même école ; ils ont partagé les mêmes idées et les mêmes prostituées ; ils avaient les mêmes principes esthétiques et des ambitions littéraires semblables ; chacun essaya le théâtre comme deuxième genre. Flaubert appelait Bouilhet « mon couillon (gauche) ». En 1854, Bouilhet passa une nuit dans l'hôtel de Mantes où Gustave et Louise descendaient. « J'ai couché dans ton lit et j'ai chié dans tes latrines (curieux symbolisme !) », écrit-il à Gustave. Le poète a toujours dû travailler pour vivre ; le romancier jamais. Étudier l'effet possible sur leur écriture et leur réputation si leur situation financière avait été l'inverse.

Géographie

« Pas de plus assoupissante atmosphère que celle de ce pays. Je me doute qu'elle contribua beaucoup à la lenteur et difficulté de travail de Flaubert. Où il croyait lutter contre les mots, c'était contre le ciel ; et peut-être dans un autre climat, la sécheresse de l'air exaltant sa verve, eût-il été moins exigeant, ou eût-il obtenu le même résultat sans tant d'efforts. » (GIDE, écrit à Cuverville, Seine-Maritime, le 26 janvier 1931.)

Discuter.

Logique (et Médecine)

a) Achille-Cléophas Flaubert, joutant avec son plus jeune fils, lui demanda de lui expliquer à quoi servait la littérature. Gustave, retournant la question à son père chirurgien, lui demanda de lui expliquer à quoi servait la rate : « Vous n'en savez rien et moi non plus, sauf qu'elle est indispensable à notre organisation corporelle comme la poésie l'est à notre organisation mentale. » Le Dr Flaubert reconnut sa défaite.

b) La rate est constituée d'unités de *tissu lymphoïde* (ou *substance blanche*) et d'un *réseau vasculaire* (ou *substance rouge*). Elle joue un rôle important en éliminant du sang les globules rouges usés et lésés. Elle est active dans la production des anticorps : ceux qui ont été splenectomisés produisent moins d'anticorps. On sait qu'un tétrapeptide appelé *tuftsin* est dérivé d'une protéine produite dans la rate. Bien que son ablation, en particulier pendant l'enfance, augmente les risques de méningite et de septicémie, on ne considère plus la rate comme un organe essentiel : on peut l'enlever sans dommage significatif pour l'activité de l'individu.

Qu'en concluez-vous?

Biographie (et Ethique)

Maxime Du Camp composa l'épitaphe suivante pour Louise Colet : « Ici gît celle qui a compromis Victor Cousin, ridiculisé Alfred de Musset, vilipendé Gustave Flaubert et tenté d'assassiner Alphonse Karr. *Requiescat in pace!* » Du Camp a publié cette épitaphe dans ses *Souvenirs littéraires*. Qui en sort grandi : Louise Colet ou Maxime Du Camp?

Psychologie

E1 est née en 1855.

E2 est née en partie en 1855.

E1 eut une enfance sereine mais arriva à l'âge adulte avec une tendance aux crises nerveuses.

E2 eut une enfance sereine mais arriva à l'âge adulte avec une tendance aux crises nerveuses.

E1 mena une vie sexuelle déréglée aux yeux des bien-pensants.

E2 mena une vie sexuelle déréglée aux yeux des bien-pensants.

E1 crut avoir des difficultés financières.

E2 connut des difficultés financières.

E1 se suicida en avalant de l'acide prussique.

E2 se suicida en avalant de l'arsenic.

E1 était Eleanor Marx.

E2 était Emma Bovary.

La première traduction de *Madame Bovary* qui fut publiée était d'Eleanor Marx. Discuter.

Psychanalyse

Réfléchir sur la signification de ce rêve, noté par Flaubert à Lamalgue, en 1845 : « J'ai rêvé, il y a environ trois semaines, que j'étais dans une grande forêt toute remplie de singes; ma mère se promenait avec moi. Plus nous avancions, plus il en venait : il y en avait dans les branches, qui riaient et sautaient; il en venait beaucoup dans notre chemin, et de plus en plus grands, de plus en plus nombreux. Ils me regardaient tous, j'ai fini par avoir peur. Ils nous entouraient comme dans un cercle; un a voulu me caresser et m'a pris la main, je lui ai tiré un coup de fusil à l'épaule et je l'ai fait saigner; il a poussé des hurlements affreux. Ma mère m'a dit alors : " Pourquoi le blesses-tu, ton ami? Qu'est-ce qu'il t'a fait? Ne vois-tu pas qu'il t'aime, comme il te ressemble! " Et le singe me regardait. Cela m'a déchiré l'âme et je me suis réveillé... me sentant de la même nature que les animaux et fraternisant avec eux d'une communion toute panthéistique et tendre. »

Philatélie

Un timbre français représente Gustave Flaubert (valeur 8 francs + 2 francs), il date de 1952. C'est un portrait médiocre « d'après E. Giraud » sur lequel le romancier – légèrement chinois – a été affublé d'un col de chemise et d'une cravate modernes. Le timbre est le moins cher d'une série publiée en aide au Fonds national de secours : les valeurs supérieures célèbrent (par ordre ascendant) Manet, Saint-Saëns, Poincaré, Haussmann et Thiers.

Ronsard est le premier poète français qui soit apparu sur un timbre. Victor Hugo a figuré sur trois timbres différents entre 1933 et 1966, une fois dans une série éditée en aide au Fonds de secours des intellectuels au chômage. Le portrait d'Anatole France aida cette œuvre charitable en 1937; celui de Balzac en 1939. Le moulin de Daudet obtint un timbre en 1936. La France pétainiste célébra Frédéric Mistral (1941) et Stendhal (1942). Saint-Exupéry, Lamartine et Chateaubriand eurent un timbre en 1948; Baudelaire, Verlaine et Rimbaud dans la vague décadente de 1951. Cette même année, les collectionneurs de timbres se virent offrir Alfred de Musset qui avait succédé à Gustave Flaubert dans le lit de Louise Colet, mais qui maintenant le précédait d'un an sur l'enveloppe publique.

a) Devons-nous nous sentir négligés au nom de Flaubert? Et, dans ce cas, devons-nous nous sentir plus ou moins négligés au nom de Michelet (1953), Nerval (1955), George Sand (1957), Vigny (1963), Proust (1966), Zola (1967), Sainte-Beuve (1969), Mérimée et Dumas père (1970), ou Gautier (1972)?

b) Évaluer les chances qu'ont *soit* Louis Bouilhet, *soit* Maxime Du Camp, *soit* Louise Colet d'apparaître sur un timbre français.

Phonétique

a) Le copropriétaire de l'hôtel du Nil au Caire, où Flaubert a logé en 1850, s'appelait Bouvaret. La protagoniste de son premier roman s'appelle Bovary; un des deux protagonistes de son dernier roman s'appelle Bouvard. Le village près de Rouen qui aurait servi de modèle à Yonville dans *Madame Bovary*, s'appelle Ry; Bouvard + Ry = Bo(u)vary. Dans sa pièce *Le Candidat*, il y a un comte de Bouvigny; dans sa pièce *Le Château des cœurs*, il y a un Bouvignard. Tout cela est-il délibéré?

b) Dans *La Revue de Paris*, une coquille transforma le nom de Flaubert en Faubert. Il y avait, rue de Richelieu, un épicier qui s'appelait Faubet. Quand *La Presse* rendit compte du procès de *Madame Bovary*, on appela l'auteur Foubert. Martine, *la femme de confiance** de George Sand l'appelait Flambart. Camille Rogier, le peintre qui vivait à Beyrouth, l'appelait Folbert : « Sens-tu la finesse de la plaisanterie? » écrit Flaubert à sa mère. (Quelle plaisanterie? Sans doute une façon de rendre avec deux langues l'image du romancier : Rogier l'appelait Ours fou [1]. Bouilhet se mit aussi à l'appeler Folbert. A Mantes, là où il rencontrait Louise, il y avait un café Flambert. Est-ce des coïncidences?

c) D'après Du Camp, Bovary devait se prononcer avec un *o* bref. Devons-nous suivre son conseil; et pourquoi?

Histoire théâtrale

Évaluer les difficultés techniques qu'entraîne la réalisation de l'indication scénique suivante (*Le Château des cœurs,* sixième tableau, scène 9) : « Aussitôt le Pot-au-feu, dont les anses se transforment en deux ailes, monte dans les airs et, arrivé en haut, il se retourne entièrement.

1. En anglais *bear* = ours. Folbert = *fol bear,* c'est-à-dire « ours fou ». (*N.d.T.)*

Tandis que les flancs du Pot-au-feu vont s'élargissant toujours de manière à couvrir la cité endormie, des légumes lumineux, carottes, navets, poireaux, s'échappent de sa cavité et restent suspendus à la voûte noire comme des constellations. »

Histoire (et Astrologie)

Étudier les prédictions suivantes de Gustave Flaubert :

a) (1850) « Il est pour moi presque impossible que, d'ici à quelque temps, l'Angleterre ne devienne pas maîtresse de l'Egypte. Elle tient déjà Aden rempli de troupes. Le transit de Suez sera très commode pour vous faire arriver un beau matin les uniformes rouges au Caire. On apprendra cela en France quinze jours après, et l'on sera fort étonné ! Souvenez-vous de ma prédiction. »

b) (1852) « A mesure que l'humanité se perfectionne, l'homme se dégrade ; quand tout ne sera plus qu'une combinaison économique d'intérêts bien contrebalancés, à quoi servira la vertu ? Quand la nature sera tellement esclave qu'elle aura perdu ses formes originales, où sera la plastique ? Etc. En attendant, nous allons passer dans un bon état opaque. »

c) (1870, à la déclaration de la guerre franco-allemande) « Les guerres de race vont peut-être recommencer ? On verra avant un siècle plusieurs millions d'hommes s'entretuer en une séance ? Tout l'Orient contre toute l'Europe, l'ancien monde contre le nouveau ! Pourquoi pas ? »

d) (1850) « De temps à autre, dans les villes, j'ouvre un journal. Il me semble que nous allons rondement. Nous dansons, non pas sur un volcan, mais sur la planche d'une latrine qui m'a l'air passablement pourrie. La société prochainement ira se noyer dans la merde de dix-neuf siècles et l'on gueulera raide. »

e) (1871) « Les internationaux sont les jésuites de l'avenir. »

15

Et le perroquet...

Et le perroquet? Eh bien, cela m'a pris près de deux ans pour résoudre le cas du perroquet empaillé. Les lettres que j'avais écrites en rentrant de Rouen ne donnèrent rien; certaines sont même restées sans réponse. Tout le monde avait dû penser que j'étais un savant amateur, sénile et maniaque, accroché à des vétilles et essayant de façon pathétique de se faire un nom. Alors qu'en fait les jeunes sont plus maniaques que les vieux – bien plus égoïstes, suicidaires et même tout à fait étranges. Simplement, ils ont une presse plus indulgente. Quand quelqu'un de quatre-vingts, soixante-dix ans, ou cinquante-quatre ans se suicide, on parle de ramollissement cérébral, de dépression post-ménopause, ou de dernier accès de vanité médiocre pour que les autres se sentent coupables. Quand quelqu'un de vingt ans se suicide, on dit que c'est un refus hautain d'accepter les termes mesquins selon lesquels la vie se présente, un acte qui n'est pas seulement de courage mais aussi de révolte sociale et morale. Vivre? Les vieux feront cela pour nous. Pure excentricité, bien sûr. Je parle en tant que médecin.

Et, pendant que nous sommes sur ce sujet, je voudrais dire que l'idée de Flaubert se suicidant est également une pure excentricité. Celle d'un seul homme : un Rouennais du nom d'Étienne Ledoux. Ce fantaisiste surgit deux fois dans la biographie de Flaubert; et chaque fois il ne fait que colporter des commérages. Sa première déclaration importune, c'est l'affirmation selon laquelle Flaubert s'est vraiment fiancé avec Juliet Herbert. Ledoux a prétendu avoir vu un exemplaire de *La Tentation de saint Antoine* dédicadé par Gustave à Juliet avec ces mots : « A ma fiancée ». Étrange qu'il ait vu cela à Rouen plutôt qu'à Londres où vivait Juliet. Étrange que personne d'autre n'ait jamais vu cet exemplaire. Étrange qu'on ne l'ait pas retrouvé. Étrange que Flaubert n'ait jamais fait mention nulle part de telles fiançailles. Étrange que cette action aille tout à fait à l'encontre de ce qu'il croyait. Étrange aussi que l'autre affirmation diffamatoire de Ledoux – le suicide – soit également contraire à ses convictions les plus profondes. Écoutons-le : « Ayons la modestie des animaux blessés, qui se retirent dans un coin et demeurent silencieux. Le monde est rempli de gens qui hurlent contre la Providence. Il faut, ne serait-ce que par égard aux bonnes manières, éviter de se conduire comme eux. » Et de nouveau cette citation qui me revient en tête : « Les gens comme nous doivent avoir la religion du désespoir. A force de se dire : " cela est, cela est, cela est ", et de contempler le trou noir, on se calme. »

Ce ne sont pas là les paroles d'un suicidé. Ce sont les paroles d'un homme dont le stoïcisme est aussi profond que le pessimisme. Les animaux blessés ne se tuent pas. Et, si l'on comprend que fixer le trou noir engendre le calme, alors on n'y saute pas. C'était peut-être la faiblesse d'Ellen : une incapacité à contempler le trou noir. Elle ne pouvait qu'y jeter des coups d'œil furtifs, continuellement. Un regard la rendait désespérée et le désespoir lui faisait rechercher la distraction. Certains contemplent le trou noir; d'autres l'ignorent; ceux qui ne cessent d'y jeter des coups d'œil en deviennent obsédés. Elle avait choisi le dosage exact : la seule fois où être femme de médecin a semblé l'aider.

Le récit du suicide par Ledoux dit ceci : Flaubert *s'est pendu dans son bain.* Je suppose que c'est plus plausible que de dire qu'il s'est électrocuté avec des somnifères; mais vraiment... Voici ce qui s'est passé. Flaubert s'est levé, il a pris un bain il a eu une attaque d'apoplexie et il est tombé sur le divan de son cabinet de travail; c'est là que le médecin, qui plus tard a délivré l'acte de décès, l'a trouvé en train d'expirer. C'est ce qui s'est passé. Fin de l'histoire. Le premier biographe de Flaubert a parlé au médecin, et voilà. La version de Ledoux nécessite la succession suivante d'événements : Flaubert entre dans son bain, il se pend d'une façon qui n'est pas expliquée, puis il ressort, cache la corde, va en chancelant jusqu'à son cabinet de travail, s'effondre sur le divan et, quand le médecin arrive, il réussit à mourir en imitant les symptômes d'une attaque d'apoplexie. Vraiment, c'est trop ridicule.

Pas de fumée sans feu, dit-on. J'ai peur que ce soit possible. Edmond Ledoux est un exemple parfait de fumée spontanée. Qui était-ce, de toute façon, ce Ledoux? Personne ne semble le savoir. Ce n'était une autorité sur rien. Une nullité complète. Il n'existe qu'en tant qu'auteur de ces deux mensonges. Peut-être qu'autrefois quelqu'un dans la famille Flaubert lui a fait du mal (Achille n'a-t-il pas réussi à lui soigner son oignon?) et c'est sa vengeance efficace. Parce que cela signifie que peu de livres sur Flaubert peuvent s'achever sans une discussion – toujours suivie par un rejet – sur l'affirmation du suicide. Comme vous le voyez, c'est encore le cas ici. Une autre longue digression dont l'accent d'indignation morale est sans doute négative. Et j'avais l'intention d'écrire sur les perroquets. Au moins, Ledoux n'avait pas de théorie sur eux.

Mais j'en ai une. Pas seulement une théorie, non plus. Comme je l'ai dit, cela m'a pris deux bonnes années. Non, je ne me vante pas : ce que je veux dire c'est que deux années ont filé entre le moment où la question s'est posée et celui où elle a été résolue. Un des universitaires les plus snobs auxquels j'ai écrit a même laissé entendre que le sujet n'avait en réalité aucun intérêt. Je suppose qu'il doit garder son territoire. Cependant quelqu'un m'a donné le nom de M. Lucien Andrieu.

J'ai décidé de ne pas lui écrire; après tout jusqu'à présent mes lettres n'avaient pas tellement été couronnées de succès. A la place, j'ai fait un voyage estival à Rouen, en août 1982. Je suis descendu à l'hôtel du Nord près du Gros Horloge. Dans un coin de ma chambre, descendant du plafond jusqu'au sol, il y avait une conduite d'évacuation mal isolée qui rugissait toutes les cinq minutes et qui semblait charrier tous les déchets de l'hôtel. Après le dîner, j'étais allongé sur mon lit et j'écoutais les évacuations gauloises sporadiques. Puis le Gros Horloge a sonné l'heure avec une proximité bruyante et métallique, comme s'il avait été dans ma penderie. Je me suis demandé quelles étaient mes chances de dormir.

Mon appréhension n'était pas fondée. Après dix heures, la canalisation est restée silencieuse; ainsi que le Gros Horloge. C'est peut-être une attraction touristique pendant la journée, mais avec prévenance Rouen débranche ses carillons quand les visiteurs essaient de dormir. J'étais allongé dans mon lit, sur le dos, la lumière éteinte et je pensais au perroquet de Flaubert : pour Félicité, c'était une version grotesque mais logique du Saint-Esprit; pour moi, un emblème volant et insaisissable de la voix de l'auteur. Quand Félicité mourait dans son lit, le perroquet revint vers elle, sous une forme agrandie et l'accueillit au paradis. Tandis que je m'enfonçais lentement dans le sommeil, je me demandais ce que seraient mes rêves.

Mais je n'ai pas rêvé de perroquets. A la place, j'ai eu mon rêve de chemins de fer. Je changeais de train à Birmingham, pendant la guerre. Le wagon au loin, au bout du quai, qui s'en allait. Ma valise me battait le mollet. Le train toutes lumières éteintes; la gare faiblement éclairée. Un horaire que je n'arrivais pas à lire; des visages indistincts. Aucun espoir nulle part; plus de trains; la solitude, l'obscurité.

On penserait qu'un rêve sait quand il a délivré son message. Mais les rêves ne savent absolument pas comment ils sont acceptés par le rêveur, pas plus qu'ils n'ont le sens de la délicatesse. Le rêve de la gare – que je fais environ tous les trois mois – se répète simplement, une boucle de film qui ne cesse de repasser jusqu'à ce que je m'éveille oppressé et abattu. Ce matin-là, je me suis éveillé aux bruits jumeaux du temps et de la merde : le Gros Horloge et la canalisation. Le temps et la merde : Gustave était-il en train de rire?

A l'Hôtel-Dieu, le même *gardien* * décharné en blouse blanche m'a fait visiter à nouveau; dans la partie médicale du musée, j'ai remarqué quelque chose que je n'avais pas vu avant : un clysopompe personnel. Comme ceux que haïssait Gustave : « Les chemins de fer, les poisons, les clysopompes, les tartes à la crème... » Cela consistait en un tabouret étroit, en bois, avec une tige creuse et un manche vertical. On s'asseyait à cheval sur le tabouret, on s'enfilait la tige creuse et on s'emplissait d'eau. Eh bien, au moins, cela vous donnait de l'intimité. Le *gardien* * et moi, nous avons eu un rire de conspirateur; je lui ai dit que j'étais médecin. Il a souri et il est allé chercher quelque chose qui m'intéresserait sûrement.

Il est revenu avec une grande boîte à chaussures en carton qui contenait deux têtes humaines naturalisées. La peau était toujours intacte bien que le temps l'eût rendue brune; aussi brune qu'un vieux pot de confiture, peut-être. La plupart des dents étaient encore en place, mais les yeux et les cheveux n'avaient pas survécu. Une des têtes avait été rééquipée d'une grossière perruque noire et d'yeux de verre (de quelle couleur étaient-ils? Je ne peux m'en souvenir; mais d'une couleur moins compliquée, j'en suis sûr, que les yeux de Mme Bovary). Cette tentative pour rendre cette tête plus réaliste avait l'effet inverse : elle ressemblait à un masque d'horreur pour enfants, un visage de farces et attrapes.

Le *gardien* * m'a expliqué que les têtes étaient l'œuvre de Jean-Baptiste Laumonier, le prédécesseur d'Achille-Cléophas Flaubert à l'hôpital. Laumonier recherchait de nouvelles méthodes pour conserver les cadavres; et la ville l'avait autorisé à faire des expériences avec des têtes de criminels exécutés. Un incident de l'enfance de Gustave m'est revenu. Une fois, en promenade avec son oncle Parain, à l'âge de six ans, il était passé devant une guillotine qu'on venait d'utiliser : les pavés brillaient de sang. J'ai cité cela plein d'espoir; mais le *gardien* * a secoué la tête. Ç'aurait été une jolie coïncidence, mais les dates étaient incompatibles. Laumonier est mort en 1818; en outre, les deux spécimens dans la boîte à chaussures n'avaient pas été guillotinés. Le gardien m'a montré le profond sillon juste en dessous de la mâchoire là où le nœud du bourreau s'était serré. Quand Maupassant a vu le corps de Flaubert à Croisset, le cou était noir et gonflé. Cela arrive avec l'apoplexie. Ce n'est pas le signe que quelqu'un s'est pendu dans son bain.

Nous avons continué notre visite du musée jusqu'à ce que nous arrivions dans la salle où se trouvait le perroquet. J'ai sorti mon appareil Polaroïd et le gardien m'a permis de le photographier. Alors que je tenais l'épreuve développée sous le bras, le gardien m'a montré la photocopie de la lettre que j'avais remarquée lors de ma première visite. Flaubert à Mme Brainne, 28 juillet 1876 : « Savez-vous ce que j'ai devant moi, sur ma table, depuis huit jours? Un perroquet empaillé. Il y reste à poste fixe. Sa vue commence même à m'embêter. Mais je le garde, pour m'emplir la cervelle de l'idée de perroquet. Car j'écris présentement les amours d'une vieille fille et d'un perroquet. »

« C'est le vrai, dit le gardien en tapant sur le globe de verre devant nous. C'est le vrai.

– Et l'autre?

– L'autre est un imposteur.

– Comment pouvez-vous en être sûr?

– C'est simple. Celui-ci vient du Muséum de Rouen. » Il me montra un cachet rond au bout du bâton puis attira mon attention sur la photocopie d'une mention sur le registre du Muséum. C'était un lot d'objets prêtés à Flaubert. La plupart des mentions étaient en sténo de musée que je n'ai pu déchiffrer, mais le prêt d'un perroquet d'Amazonie était tout à fait compréhensible. Une série de marques dans la dernière colonne du registre montrait que Flaubert avait tout rendu. Y compris le perroquet.

J'ai été vaguement déçu. J'avais toujours cru sentimentalement – sans raison valable – qu'on avait retrouvé le perroquet parmi les affaires de l'écrivain après sa mort (ce qui expliquait sans aucun doute pourquoi j'avais une préférence pour le perroquet de Croisset). Évidemment, la photocopie ne prouvait rien, sinon que Flaubert avait emprunté *un* perroquet au Muséum et qu'il l'avait rendu. Le tampon du Muséum était troublant, mais pas décisif...

« Le nôtre est le vrai », répéta inutilement le *gardien* * en me raccompagnant : les rôles semblaient renversés : c'est lui qui avait besoin d'une confirmation, pas moi.

« Je suis sûr que vous avez raison. »

Mais je ne l'étais pas. Je suis allé à Croisset et j'ai photographié l'autre perroquet. Lui aussi exhibait un tampon du musée de Rouen. J'ai été d'accord avec la *gardienne* * pour dire que son perroquet était évidemment authentique, et celui de l'Hôtel-Dieu un imposteur.

Après le déjeuner, je suis allé au Cimetière monumental. « La haine du bourgeois est le commencement de la vertu », a écrit Flaubert ; pourtant il est enterré parmi les plus grandes familles de Rouen. Au cours d'un de ses voyages à Londres, il visita le cimetière de Highgate et le trouva trop bien rangé : « Ces gens-là ont l'air d'être morts en gants blancs. » Au Cimetière monumental ils portent l'habit et des décorations, et ils sont enterrés avec leurs chevaux, leurs chiens et leurs institutrices anglaises.

La tombe de Gustave est petite et modeste; cependant, dans ce décor cela ne faisait pas de lui un artiste, un antibourgeois, mais plutôt un bourgeois qui n'a pas réussi. Je me suis appuyé sur la barrière qui entoure la concession familiale – même dans la mort on peut être propriétaire – et j'ai sorti mon exemplaire d'*Un cœur simple*. La description que Flaubert donne du perroquet de Félicité, au début du chapitre 4, est très rapide : « Il s'appelait Loulou. Son corps était vert, le bout de ses ailes rose, son front bleu, et sa gorge dorée. » J'ai comparé mes deux photos. Les deux perroquets avaient des corps verts; les deux avaient le bout des ailes rose (il y avait plus de rose dans la version de l'Hôtel-Dieu). Mais le front bleu et la gorge dorée : ils appartenaient sans aucun doute possible au perroquet de l'Hôtel-Dieu. Le perroquet de Croisset était exactement à l'envers : un front doré et une gorge bleu-vert.

Cela semblait être vraiment ça. J'ai quand même téléphoné à M. Lucien Andrieu et je lui ai expliqué ce qui m'intéressait en général. Il m'a invité pour le lendemain. Tandis qu'il me donnait son adresse – rue de Lourdines –, j'imaginais qu'il habitait la maison solide et bourgeoise d'un spécialiste de Flaubert. Le toit mansardé avec un *œil-de-bœuf* *; les briques roses, les décorations second Empire; à l'intérieur, un sérieux assez froid, des bibliothèques fermées de vitres, des parquets cirés et des abat-jour en parchemin; une odeur masculine, comme dans un club.

Ma maison rapidement construite était une imposture, un rêve, une fiction. La vraie maison du spécialiste de Flaubert était située de l'autre côté du fleuve, au sud de Rouen, un quartier où de petites entreprises se blottissaient entre des rangées de maisons de briques rouges avec terrasses. Les camions avaient l'air trop gros pour les rues; il y avait peu de magasins et presque autant de cafés; l'un d'eux offrait de la *tête de veau* * comme *plat du jour* *. Juste avant d'arriver dans la rue de Lourdines, il y a un panneau qui indique les abattoirs.

M. Andrieu m'attendait sur le pas de sa porte. C'était un petit homme âgé qui portait une veste de tweed, des pantoufles de tweed et un chapeau mou en tweed. Il y avait trois décorations à son revers. Il ôta son chapeau pour me serrer la main et le remit; il m'expliqua qu'il avait la tête *fragile* * en été. Il devait garder son chapeau de tweed tout le temps que nous resterions dans la maison. Certains auraient pu croire que c'était une manie, pas moi. Je parle en tant que médecin.

Il m'informa qu'il avait soixante-dix-sept ans. Il était le secrétaire et le membre le plus âgé de la société des amis de Flaubert. Nous nous sommes assis de chaque côté d'une table dans une pièce du devant dont les murs étaient recouverts de tout un bric-à-brac : assiettes commémoratives, médaillons de Flaubert, un tableau du Gros Horloge que M. Andrieu avait peint lui-même. C'était petit, encombré, curieux et personnel : comme une version plus précise de la chambre de Félicité ou du pavillon de Flaubert. Il me montra une caricature de lui, dessinée par un ami ; il était représenté en cowboy avec une énorme bouteille de calvados qui sortait de sa poche. J'aurais dû demander la raison de cette caricature féroce de mon hôte doux et bienveillant ; mais je ne l'ai pas fait. A la place, j'ai sorti mon exemplaire du livre d'Enid Starkie : *Flaubert : la fabrication d'un maître* et je lui ai montré le frontispice.

« *C'est Flaubert, ça* *? lui ai-je demandé simplement à titre de confirmation.

Il a eu un petit rire étouffé.

« *C'est Louis Bouilhet. Oui, oui, c'est Bouilhet* *. » Manifestement, ce n'était pas la première fois qu'on lui posait la question. J'ai vérifié un ou deux détails supplémentaires avec lui et j'ai mentionné les perroquets.

« Ah ! les perroquets. Il y en a deux.

– Oui. Savez-vous lequel est le vrai et lequel est l'imposteur ? »

Il a eu le même petit rire.

« Le musée de Croisset a été installé en 1905, a-t-il répondu. L'année de ma naissance. Évidemment, je n'y étais pas. On a réuni ce qu'on a pu trouver... enfin, vous avez vu. » J'ai fait un signe de tête. « Il n'y avait pas grand-chose. Beaucoup d'objets avaient été dispersés. Mais le conservateur a décidé qu'il y avait une chose qu'ils pouvaient avoir, et c'était le perroquet de Flaubert, Loulou. Alors, ils sont allés au Muséum d'Histoire naturelle et ils ont dit : " S'il vous plaît, pouvons-nous reprendre le perroquet de Flaubert ? Nous le voulons pour le pavillon. " Et les responsables du musée ont dit : " Bien sûr, suivez-nous. " »

M. Andrieu avait déjà raconté cette histoire plusieurs fois; il savait ménager ses effets.

« Et ils ont emmené le conservateur dans la réserve. Vous voulez un perroquet? ont-ils dit. Alors allons dans la section des oiseaux. Ils ont ouvert une porte et ont vu, en face d'eux... *une cinquantaine de perroquets *!*

« Qu'ont-ils fait? La chose logique et intelligente. Ils ont pris un exemplaire d'*Un cœur simple* et ils ont relu la description de Loulou par Flaubert. » Exactement comme je l'avais fait la veille. « Et ils ont choisi le perroquet qui ressemblait le plus à la description.

« Quarante ans plus tard, après la guerre, on a commencé à réunir la collection de l'Hôtel-Dieu. Ils sont allés au Muséum à leur tour et ont dit : " S'il vous plaît, pouvons-nous avoir le perroquet de Flaubert ? " Bien sûr, ont dit les responsables du musée, choisissez, mais assurez-vous de prendre le bon. Eux aussi ont consulté *Un cœur simple* et ils ont choisi le perroquet qui ressemblait le plus à la description de Flaubert. Et c'est ainsi qu'il y a deux perroquets.

– Alors, le pavillon de Croisset qui a choisi le premier doit avoir le vrai perroquet? »

M. Andrieu m'a regardé d'un air prudent. Il a repoussé légèrement son chapeau en arrière. J'ai sorti mes photos. « Mais, si c'est le cas, comment expliquer cela? » J'ai cité la description du perroquet et j'ai montré la gorge et le front non conformes de la version de Croisset. Pourquoi le perroquet choisi en second ressemblait-il plus à celui choisi en premier?

« Eh bien, il faut se rappeler deux choses. Tout d'abord, Flaubert était un artiste. C'était un écrivain d'imagination. Et il modifiait un fait réel pour une question de rythme; il était comme ça. Pourquoi aurait-il dû décrire un perroquet exactement comme il était simplement parce qu'il l'avait emprunté? Pourquoi n'aurait-il pas inversé les couleurs si cela sonnait mieux?

« Deuxièmement, Flaubert a rendu son perroquet au Muséum après avoir fini d'écrire l'histoire. C'était en 1876. Le pavillon n'a été installé que trente ans plus tard. Les animaux empaillés sont mangés par les mites, vous savez. Ils se désagrègent. C'est ce qui est arrivé à celui de Félicité, n'est-ce pas? Le rembourrage en est sorti.

– Oui.

– Et peut-être changent-ils de couleur avec le temps. Bien sûr, je ne suis pas expert en animaux empaillés.

– Ainsi vous voulez dire que n'importe lequel pourrait être le vrai? Ou, ce qui est tout à fait possible, aucun? »

Il a étendu lentement les mains sur la table dans un geste d'illusionniste. J'avais une dernière question.

« Est-ce que tous ces perroquets sont encore au Muséum? Les cinquante?

– Je ne le sais pas. Je ne crois pas. Il faut que vous sachiez que dans les années 20 et 30, quand j'étais jeune, les animaux et les oiseaux empaillés étaient très à la mode. Les gens en avaient dans leur salon. Ils pensaient que c'était joli. Aussi beaucoup de musées ont-ils vendu ceux dont ils n'avaient pas besoin. Pourquoi auraient-ils gardé cinquante perroquets d'Amazonie? Ils n'auraient fait que se délabrer. Je ne sais pas combien ils en ont maintenant. Je pense que le musée a dû se débarrasser de la plupart d'entre eux. »

Nous nous sommes serré la main. Sur le pas de la porte, M. Andrieu a levé son chapeau et a brièvement exposé sa tête fragile au soleil d'août. J'étais à la fois ravi et déçu. C'était une réponse et ce n'était pas une réponse; c'était une fin et ce n'était pas une fin. L'histoire se ralentissait comme les mouvements du cœur de Félicité, « comme une fontaine s'épuise, comme un écho disparaît ». Il fallait peut-être qu'il en soit ainsi.

Il était temps de dire au revoir. Comme un médecin consciencieux, j'ai fait la tournée des trois statues de Flaubert. Était-il en forme? A Trouville la moustache a toujours besoin d'être réparée; mais la pièce de la cuisse se voit moins. A Barentin, sa jambe gauche commence à se fendre, il y a un trou dans le coin de sa veste et des décolorations moussues tachent le haut de son corps; j'ai regardé les marques verdâtres sur sa poitrine, j'ai fermé les yeux à moitié et j'ai essayé d'en faire un interprète de Carthage. A Rouen, sur la place des Carmes, il est structurellement sain, confiant dans son alliage de 93 pour cent de cuivre et de 7 pour cent d'étain; mais il continue à se strier. Chaque année, on dirait qu'il verse deux larmes de cuivre qui lui marbrent le cou. Ce n'est pas que ça ne lui convienne pas : Flaubert a toujours beaucoup pleuré. Les larmes descendent le long de son corps en lui dessinant un curieux gilet et deux bandes sur le côté des jambes, comme s'il portait un pantalon d'habit. Ceci lui convient également : en souvenir qu'il aimait autant la vie des salons que sa retraite de Croisset.

A quelques centaines de mètres au nord, au Muséum d'Histoire naturelle, on m'a conduit dans les étages. Quelle surprise : j'avais toujours cru que les réserves des musées étaient dans les caves. Aujourd'hui, à la place, il y a sans doute des centres de loisirs : des cafétérias, des cartes murales, des jeux vidéo et tout ce qui permet d'apprendre facilement. Pourquoi tient-on tellement à transformer l'étude en jeu? On aime qu'elle soit infantile, même pour les adultes. Surtout pour les adultes.

C'était une petite salle, de trois mètres sur deux mètres cinquante, avec des fenêtres à droite et des étagères à gauche. Malgré quelques lampes au plafond, il faisait sombre, dans cette crypte funéraire au dernier étage. Pourtant je suppose que ce n'était pas du tout une tombe : on remettrait certaines de ces créatures à la lumière du jour et elles iraient remplacer des collègues mangés aux mites ou passés de mode. C'était donc une pièce ambivalente, mi-morgue, mi-purgatoire. Il y avait également une odeur incertaine : quelque chose entre le dispensaire et la quincaillerie.

Partout où je regardais, il y avait des oiseaux. Des étagères et des étagères d'oiseaux, chacun recouvert d'une fine couche d'insecticide blanc. On m'a conduit dans la troisième travée. Je me suis avancé prudemment entre les étagères et j'ai levé les yeux. Là, sur une ligne, il y avait les perroquets d'Amazonie. Des cinquante de l'origine, il n'en restait que trois. L'insecticide qui les recouvrait ternissait le brillant de leurs couleurs. Ils me fixaient comme trois vieillards moqueurs, couverts de pellicules et indignes. Je dois l'avouer, ils avaient l'air un peu maniaques. Je les ai regardés pendant une minute puis je me suis esquivé.

C'était peut-être l'un d'eux.

Table

Cet ouvrage a été réalisé sur
Système Cameron
par la SOCIÉTÉ NOUVELLE FIRMIN-DIDOT
Mesnil-sur-l'Estrée
pour le compte des Éditions Stock
le 24 novembre 1986

Imprimé en France
Dépôt légal : novembre 1986
N° d'édition : 3280 – N° d'impression : 5824
54-06-3572-05
ISBN 2-234-01933-8